U0472709

○ ● ○ ● | *Paideia*
○ ● | 思想导读

eons
艺 文 志

Rawls's
A Theory of Justice:
A Reader's Guide

Frank Lovett

[美] 弗兰克·拉维特 著

张晓川 译

导读罗尔斯
《正义论》

献给利兹

目录

译文说明及译名对照表　i

致　谢　v

1 引言与背景 *01*
    1.1 生平与历史背景 ……01
    1.2 哲学背景……04
    1.3 罗尔斯著述一览……15

2 主题概览 *19*
    2.1 《正义论》中心思想……19
    2.2 文本便捷指引……27

3 文本阅读 *31*
    3.1 概述正义之为公平……31
    3.2 效用主义与直觉主义（§§ 5-8）……40
    3.3 反思平衡与方法（§§ 4、9）……49
    3.4 正义两原则（§§ 10-14）……57
    3.5 刻画正义之为公平（§§ 15-17）……84
    3.6 原初位置（§§ 20、22、24-25）……96

3.7　陈述备选项（§§ 21、23）……110

　3.8　论证正义之为公平（§§ 26–30、33）……119

　3.9　正义社会的制度（§§ 31–32、34–39、41–43）……139

　3.10　完成论证（§§ 40、44–50）……148

　3.11　正义与个体（§§ 18–19、51–59）……161

　3.12　寻求稳定性（§§ 60–87）……170

4　反响与影响　179

　4.1　《正义论》的经典地位……179

　4.2　自由主义与社群主义之争……181

　4.3　更多论辩与当今声望……188

参考文献与进阶阅读　195

　罗尔斯主要著作……195

　关于罗尔斯的著作……197

　本书引用的其他著作……199

索　引　201

译文说明及译名对照表

本书作者引用罗尔斯《正义论》原著之处，中文译文参考了现行的《正义论：修订版》译本（约翰·罗尔斯，《正义论：修订版》，何怀宏、何包钢、廖申白译，北京：中国社会科学出版社，2009年），但大多数情况下译者根据自己的理解对译文有所调整。术语译名则多处参考了《罗尔斯论文全集》（约翰·罗尔斯，《罗尔斯论文全集》，陈肖生等译，长春：吉林出版集团，2013年；下表简称《论文全集》），该书译者在这方面有相当细致的考量。

下表列出本书的一些关键术语采用的译名，并与《正义论》现行译本以及其他相关论著采用的译名进行对照和说明：

原书英文术语	常见译名	本书译名及注释
basic liberties	基本自由	基本自由权 遵循《论文全集》的译法。可数名词"liberties"指一些制度化、权利化的自由，可以逐项罗列，如言论自由、良心自由等，故加"权"字以区分于笼统而言的自由。参考《论文全集》第84页译注

续表

原书英文术语	常见译名	本书译名及注释
justice as fairness	作为公平的正义，公平的正义	正义之为公平 as 在此表达罗尔斯正义观从内涵上与公平的关联，故取"x 之为 y"这一译法。相比之下，"作为 y 的 x"不够达意，仿佛让 x 去"充当"或"扮演"y。"公平的正义"表意更为含混，亦不取
justification	证明，证成	辩护 遵循《论文全集》的译法，参考该书第 343 页译注。大致来讲，justification 主要在于诉诸对方的各种合乎情理的考虑，表明实践中的某种原则或制度是可接受的
natural assets	天赋，自然资产	天然资产 由于罗尔斯和本书作者均提到其他资产（assets），故此处直译，以为照应。natural 译为"天然"是为了避免被误解为与人工相对的"自然"
natural duty of justice	正义的自然义务	正义的自然责任 遵循《论文全集》译法，参考该书第 69 页译注。"义务"用来对译 obligation 一词

译文说明及译名对照表　　　　　　　　　　　　　　　　iii

续表

原书英文术语	常见译名	本书译名及注释
original position	原初状态	原初位置 position 本义即"位置",由此又可引申出"地位"、"立场"、"处境"等较抽象含义。罗尔斯之所以把 original position 这一理念从字面上区分于契约论传统的"自然状态"(state of nature)概念,或许也是为了借助 position 的含义来表明它主要是模拟一种道德视角,不是对前政治状态的假想。本书作者在论及这一术语时,又常使用一些空间意象鲜明的表述,如"无知之幕后的~"、"我们从未离开~"等,故用"位置"直译 position。 在这个问题上,《论文全集》的译者区别对待了罗尔斯的早期论文和中后期论著,分别采用"原初位置/原初地位"和"原初状态"译法,参考该书第 89 页译注
primary good(s)	基本善	基本益品 遵循《论文全集》译法。亦参考威尔·金里卡《当代政治哲学》(刘莘译,上海:上海译文出版社,2015 年)附录"关于'good'的翻译的哲学解释"
prudence/ prudential	审慎(的)	利害谋虑(的) 这个词主要指对利益而非道德的考量,《论文全集》的译者译作"深谋远虑",本书更明确地译为"利害谋虑"

续表

原书英文术语	常见译名	本书译名及注释
rational choice	合理选择	理性选择 遵循《论文全集》译法
reciprocity	互惠，相互性	互报 这个词的含义是"以 x 报 x"，故不取"互惠"而译作"互报"
strains of commitment	承诺的强度，承诺的张力	承诺的压力 "强度"、"张力"均不甚达意
utility/ utilitarianism	功利/功利主义	效用/效用主义 遵循《论文全集》的译法，尤见该书第 24 页译注。道德哲学中的 utilitarianism 与日常所谓"功利眼光"相去甚远，沾带这种含义对哲学论述并无助益。且 utility 目前无论在哲学还是经济学中一般都译为"效用"，因此，utilitarianism 作为主张"效用最大化"的学说，宜相应地译为"效用主义"
well-ordererd society	良序社会，秩序良好的社会	组织有序的社会 遵循《论文全集》译法

致谢

起初应莎拉·坎贝尔（Sarah Campbell）之约来写这部导读时，我天真地以为这件事很简单，不过是把我那些翻烂了的罗尔斯《正义论》讲义誊写成文。结果，这件事不仅带来了远超预期的挑战，更带来了远超预期的收获。我想感谢伊恩·麦克马伦（Ian MacMullen）、罗恩·沃森（Ron Watson）以及我的妻子莉兹·维克曼（Liz Vickerman）仔细阅读、评论前几稿；感谢阿曼达·萨贝尔（Amanda Sabele）帮忙获得必要的许可；感谢 Continuum 出版社的莎拉·坎贝尔、汤姆·克里克（Tom Crick）和 P. 穆拉利达兰（P. Muralidharan）牵头本书的出版；最后，感谢我那些圣路易斯华盛顿大学的学生，他们一贯激励着我，使我对罗尔斯的理解达到我单凭个人无法企及的程度。

1 引言与背景

1.1 生平与历史背景

约翰·罗尔斯（John Rawls, 1921—2002）是一位美国政治哲学家。他的父亲威廉·李·罗尔斯（William Lee Rawls）是一位成功而受人尊敬的律师，他一家在他年幼时从美国南方搬到了巴尔的摩；他的母亲安娜·埃布尔·罗尔斯（Anna Abell Rawls）出身于一度富裕的斯顿普（Stump）家族。罗尔斯的父母都对政治有浓厚的兴趣，尤其是他母亲，她曾加入女性选民联盟（League of Women Voters），参与争取女性权利的运动。罗尔斯有一个哥哥、三个弟弟，其中两个弟弟在他年纪尚小时因病夭折。他在普林斯顿大学读本科，于1943年秋修完哲学学士学位。他虽然短暂考虑过在大学毕业后去神学院研究宗教，但还是像当时班里多数同学那样，首先选择了参军。他在太平洋战区的一支情报和侦察部队服役两年，被授予铜星奖章，但战争经历削弱了他的宗教信仰。当他在战后开始就读研究生时——又是在普林斯顿大学——他学的是哲学，而非宗教。罗尔斯在1950年完成博士学业，毕业论文写的是道德哲学的题目。这段时间里，他与玛格丽特·沃菲尔德·福克斯（Margaret Warfield Fox）结婚，两人最终育有四个孩子（两个女儿，两个儿子）。

罗尔斯在普林斯顿额外待了两年，讲授课程，延长学业。在这之后，他获得一份富布赖特奖学金（Fulbright scholarship），于1952—1953学年到牛津大学学习。在那里，他遇到了H. L. A. 哈特（H. L. A. Hart）、以赛亚·伯林（Isaiah Berlin）、斯图尔特·汉普希尔（Stuart Hampshire）、R. M. 黑尔（R. M. Hare）以及其他一些当时的重要哲学家，他们对罗尔斯自己观点的发展产生了重大影响。回到美国后，他在康奈尔大学找到了他的第一份教职，于1953—1959年在该校任教。随后，他在哈佛大学担任客座教授（1959—1960），又在麻省理工学院担任教授（1960—1962），最终在1962年成为哈佛大学哲学系终身教员，直至退休。2002年，罗尔斯在家中去世。[1]

罗尔斯的学术生涯所历经的这几十年，无论是在政治与道德哲学的思想史上，还是在美国的政治与社会史上，都是一个尤其多事的时期。我将在下一节更详细地讨论罗尔斯工作的哲学背景，但值得在此简要说明的是，他感兴趣的领域，即政治与道德哲学，一度被认为处于衰落之中，与其他更富有成果的哲学领域相比显得黯然失色（据信如此）。直到1950年代，这股潮流才被逆转，人们也的确常常在事后回溯时称赞罗尔斯单枪匹马地复兴了政治哲学这一学科，特别是使它成为一个像样的、富有成果的研究领域。这种说法虽然有简单化之嫌，但罗尔斯对后世政治哲学家、理论家的深刻影响几乎怎么强调也不为过。尽管他的观点并不总能博得一

---

[1] 有关罗尔斯生平的更多细节，见博格（Pogge 2007）和弗里曼（Freeman 2007）的讨论。（编者按：本书脚注若无特殊说明均为原注。）

致支持（这很常见），但人们论辩的前提条件与采用的语言往往最终源自他的思想。因此，可以不夸张地说，政治哲学如今的形式和特征很大程度上是约翰·罗尔斯造就的。

不过，在更详细地讨论罗尔斯工作的哲学背景之前，值得先提一下其社会与政治背景。那些后来成为《正义论》基础的核心理念是罗尔斯在1950年代任教于康奈尔大学时发展出来的。在这一时期，尤其是在有了1950年代前期的麦卡锡主义的负面经历之后，很多人都重新开始信奉个体权利的重要性，并且对其中一些人而言，这种信奉又进一步被他们对美国南方风起云涌的民权运动的认同所强化。与此同时，在这一时期，美国的许多最初在"新政"（New Deal）时推行的福利国家制度得以巩固，并作为美国社会的长久要素得到充分的接受。但奇怪的是，还没有人真正严肃地从哲学上说明，对个体权利的信奉和对福利国家的信奉，二者如何可以被视作是从一整套融贯的政治学说一并推导出来的。相反，人们往往认为两者有某种紧张关系：传统自由主义的原则支持前者，而其他偏左翼的学说（社会民主主义、社会主义等）支持后者。

在此背景下，引人注目的一点是，罗尔斯的巨著似乎正提供了这样一份说明：也就是说，他从一整套融贯的哲学理论出发，既推导出了对个人权利的强烈信奉，又推导出了对社会－经济正义的有力论证。如此说来，人们常将罗尔斯的贡献描述为给现代自由主义者同时支持个人权利和福利国家的态度提供了哲学基础，这也就不足为奇了。但若像这样把我们对罗尔斯的阐述化约为这般简单化的叙事，则是错误的。其一，他并不真的支持美国采取的那种福利国家制度。其二，他的动机实际上远为复杂，且关联着更深层的哲学问题，而这些问题比仅仅为美国民主党的纲领提供智识支持具有更长久的重要性。把一部精深的哲学著作粗暴地化约为其撰写时期的历史条件，这种做法就洞见而言所失常多于所得。

如笔者所述，《正义论》背后的核心理念大多形成于1950年代。然而，罗尔斯实际撰写这部著作却是在1960年代，直到1971年，该书才最终付印。此间无疑是美国历史上尤为动荡的岁月：反种族隔离斗争、越南战争、学生抗议等事件都在罗尔斯的运思中留下了清晰印迹。虽然说《正义论》从未直接讨论上述事件以及其他同时代的政治社会事件，并且这部著作自始至终坚守其超然的、哲学的视角，但是，这些事件仍在该书的最终形态中留下了确定无疑的踪影，我们也将在适当的时候见其端详。不过，在引言余下的部分里，我们将集中关注思想背景而非社会背景。

1.2 哲学背景

1.2.1 效用主义与直觉主义

我们已经谈到，罗尔斯在接近1950年代末时开始撰写《正义论》，整个1960年代都在持续完善其著作。这时候，道德与政治哲学的主导传统是效用主义（utilitarianism），而它占据这一主导地位已近一个世纪。故而难怪罗尔斯在他的著作中对效用主义进行了大量讨论，而我们也将如此。眼下，阐述该理论的中心思想就足够了，这一思想极其简单，并且至少初看上去显得十分有道理。大体来说，效用主义认为，要判断行动、法律、制度等等的好坏，可以根据其是否倾向于使个人幸福的总和最大化（其中每个人的幸福要平等地计入）。

英国哲学家杰里米·边沁（Jeremy Bentham，1748—1832）在18世纪晚期首次提出效用主义，当时，这一哲学学说引人注目，甚至堪称激进。首先，它摒除了对上帝意志、社会利益、习俗与传统、自然法等等的一切参照。取而代之的是一个被认为明显具备理性与科学特质的程序，即简简单单地度量每一个人的幸福，然后把所有人的这个幸福加在一起。在这方面，效用主义显然是启蒙时代的产物——那个时代既是深信理性之承诺和科学方法的时代，也是对宗教、迷信和传统抱以怀疑的时代。效用主义的另一项重大的、实际上潜藏革命性的特征是坚持对每个人的幸福完全一视同仁：王公贵族的幸福与商人、农民的幸福应当等量齐观，英国人的幸福与法国人的幸福也没有轻重之分。与此一脉相承，边沁最重要也最有影响的信徒约翰·斯图尔特·密尔（John Stuart Mill，1806—1873）后来进一步主张，既然男人的幸福并不重于女人的幸福，社会和法律中现存的两性不平等就应当予以消除。对18、19世纪的很多人来说，这些主张难以接受。

当然，随着人们越来越习惯于所有人在道德分量（moral worth）上平等的观念，效用主义注定会不再显得那么激进。

因而，我们至此提到的效用主义的几项特质，就还不能完全解释它何以在进入20世纪后的很长一段时间中还持续占据着主导地位。这种持续性可以通过它的另一些稍显微妙的、概念性的优点得到更好的解释。其中最重要的优点是效用主义的完整性和决定性：任何可能的道德、政治或社会问题，效用主义至少原则上都能对其作出明确而一致的回答。这就使它成了一个极其有力的理论。它也给潜在竞争者设定了很高的标准，这一点可以用另一个理论的失败来说明，那是一个曾在20世纪前半叶流行于某些哲学圈的理论——直觉主义（intuitionism）。

要领会直觉主义背后的动机，我们必须先明白，效用主义虽然占据遥遥领先的主导优势，但也绝不是人人都对它完全满意。我来解释一下。假设安德烈娅许诺付给鲍勃100元钱（也许是为报答之前鲍勃帮她忙），但安德烈娅后来发现付这笔钱对她来说极为不便。出于强烈的直觉，我们的常识性道德会提示，尽管有不便之处，但安德烈娅仍然有某种义务去做她许诺过的事情。困难在于，显然，效用主义会说，在这里我们的直觉可能出错。比如说，如果安德烈娅履行诺言带来的不幸福远高于她违背诺言使鲍勃感到的不幸福，那么效用主义似乎会建议后一种做法。很多人对这个结论不满意。再举一个例子，假设安德烈娅犯下一项暴力罪行。我们的常识性道德直觉又会表示，她——且只有她——应受到惩罚。然而效用主义不一定支持这个直觉。既然任何惩罚大概都会减少安德烈娅的幸福，我们就必须表明惩罚服务于某种有用的目的，从而抵消这一损失。比方说，这个进一步的目的可以是威慑：如果安德烈娅受到惩罚，暴力犯罪者就会减少，幸福总量就会增加。但请注意，在效用主义看来，安德烈娅并不在某种意义上特别应当受惩罚。实际上，如果我们在拘捕安德烈娅时遇到困难，我们可以陷害无罪的鲍勃并转而惩罚他，以达到同等的威慑效果。这种策略固然有实行上的困难，但效用主义并没有给我们一个理由，让我们从一开始就把这种策略看作是道德上不可接受的。

由此我们看出，效用主义虽然初看起来颇显有理，但仔细思量之下，却可能显著地偏离于常识道德。这一点，各方都认可；争议只在于对此人们该做点什么。一些人提出一个替代理论。他们主张，或许我们的常识道德大体上是正确的。或许在这样的事例中，我们较强的直觉是在向我们揭示道德的基本结构，其中包括一批本原的道德原则，如忠诚、应得、仁慈等。若略去一些对我们的讲述不太重要的细节，我们可以说，这种观点大致就是所谓的"直觉主义"。直觉主义为对效用主义深感不满的人提供了一个替代方案，这就解释了为什么有些人在 20 世纪早期被它吸引。

但为什么直觉主义从未能够取代效用主义而成为主导理论呢？不难看出原因何在。除了给依旧只是一堆直觉的东西起了个名字，直觉主义并未再做什么。例如，当遵守诺言的义务与不伤害他人的义务相冲突时，我们该怎么做？直觉本身无法给我们以清晰的指导。换句话说，这一理论十分不完整，由此就充分展现出效用主义的巨大优势，因为它能解答一切可能的问题。考虑到这种优势，一个人同样可以貌似有理地下结论说，每当我们的直觉与效用主义有分歧时，我们应该怀疑我们的直觉，而非相反。既然我们的直觉可能不过是教养偏颇或教育不足的产物，那凭什么对其准确性抱有这样的信任？能取代效用主义的，只能是一套其概念力量可与之匹敌的完整理论，所以尽管某些道德与政治哲学家始终感到不安，但效用主义仍然长久居于主导地位。

这基本上就是罗尔斯开始工作时的情形，正如他在《正义论》序言中清楚地表明的那样。"在现代道德哲学中，很很长一段时间里，占支配地位的系统理论一直是某种形式的效用主义。"他如是写道。批评效用主义的人"注意到它的许多推断与我们的道德情感之间的明显不一致。但［……］并没有建立起一种能与效用主义抗衡的实用和系统的道德观"。罗尔斯旨在纠正这一情形，也就是说，他旨在"提供一种对正义的系统的说明，这种说明在我看来不仅可以替换，而且优于（或至少我将如此论证）占支配地位的传统的效用主义说明"（vii-viii；修 xvii-xviii）[2]。他所提供的替代方案叫作"正义之为公平"（justice as fairness），而他这部著作的基本旨趣全在于——尤其是针对效用主义——解释并捍卫这一替代方案。

1.2.2 社会契约论传统

罗尔斯的正义之为公平的理论绝不是凭空发明出来的。他甚至否认他的理论特别具有原创性，尽管这样说在相当

---

[2] 后文对《正义论》的所有引用都以此形式注出，括号内初版（1971）页码在前，修订版（1999a）页码在后。

程度上轻描淡写了他的成就。再引用序言的一句话，他说他不过是试图"把洛克、卢梭和康德所代表的传统的社会契约理论加以一般化，使之上升到一种更高的抽象阶次"（viii；修 xviii）。既然罗尔斯本人提请我们关注这些作者，那么我们或许应该简要回顾他们的思想，作为我们阅读的进一步的背景。有趣的是，这些作者的年代都早于效用主义首次提出的时间。这可能会使我们好奇：第一，为什么他们的观点在 19 世纪被效用主义取代了；第二，在他们的著作里，罗尔斯注意到而其他人错过的东西是什么。

罗尔斯所指的传统的社会契约理论曾经流行于 17、18 世纪，其历史影响力大约在美国革命和法国革命（至少初期）时达到顶峰。这个理论本身组合、改写了两个更为古老的理念，这两个理念都可以追溯到中世纪，甚至更早。一个理念叫作"自然状态"（state of nature）——它是人们猜想中的一个人类历史时期，在那时，人类的生活中还没有引入政治权威和社会制度。自然状态这一概念被认为有助于区分人事之中自然的东西与人为的东西。例如我们可能会好奇，在一种自然状态中有没有某种类似私有财产的东西，如果有，那么我们就应该把这看作一种"自然的"现象，而非完全出自政治建构或社会建构。另一个理念是，从某种意义上说，政府建立在统治者与属民之间的一种原初的协定或协议之上。比如说，原初的协议可以表现为一场加冕礼，据此，国王同意正义而仁慈地统治，人民则相应地承诺服从他的命令。

在这两个理念存在了很长时间后，到 17 世纪，一些作者想到二者或许可以组合为一整套理论。大致来说，我们先想象人们生活在自然状态中,那时没有政府。然后,我们反思这种状况的诸多不利之处,例如人们的生命和财产在这种状态中不太安全。理所当然,这样的人们会集合起来,意求结束这种状态,建立某种政府。这一过程的结果就是一份社会契约,也就是一份协议,其中列出了组成政府的条款以及政府后续活动的条件。由于人们在自然状态中的目的只是解决一些特定问题,所以一般认为,他们创立的任何政府的权威都将限于那些特定的职权范围——一般认为,除了绝对有必要放弃的那部分自然自由,任何明智的人都不会主动放弃更多自然自由。该学说的经典陈述是约翰·洛克(John Locke,1632—1704)在其著作中提出的,他的著作对托马斯·杰斐逊等人产生了巨大影响:当杰斐逊在《独立宣言》中写到政府的建立是为保护不可放弃的权利、政府的正义权力源自被统治者的同意等文段时,在其同时代人看来,他显然是在复述为人熟知的社会契约学说。

尽管社会契约理论影响卓著,但它在一两代人的时间里就几乎完全被推翻了。为什么会这样?一个原因是,随着史学的进步,越发显而易见的一点是自然状态理念纯属虚构。一个明显虚假的故事怎么可能告诉我们在此时此地应当如何组织社会呢?另一个原因是,人们可以相当容易地表明,几乎没有人实际上对他们特定的政府表示过同意。一般来说,我们就出生在我们出生的地方,并且(或多或少地)只是忍受着我们所拥有的政府。关于这个问题还有很多可谈的,而传统的社会契约理论对这些反驳其实也有融贯的回答,但为理解罗尔斯的理论,我们不必讨论这些。相关之处只在于,这些反驳在当时被公认为是决定性的,所以一待效用主义登场,契约论就无以为继了。

1.2.3 康德的道德哲学

罗尔斯明确提到的另外两个人物是让－雅克·卢梭(Jean-Jacques Rousseau, 1712—1778)和伊曼努尔·康德(Immanuel Kant, 1724—1804),而在这两人里,康德对我们的故事更为重要。卢梭本身当然也是有趣且重要的人物,但我们在这里了解卢梭扮演的是洛克与康德之间的过渡角色就可以了。可以说,康德为罗尔斯自己的工作提供的灵感多于其他任何一位哲学家。康德的著作影响深远,广泛涵盖各种哲学话题,但可惜的是,这些著作出了名的难读难解。在这里,我们只讨论其道德哲学著作中的一个方面,这个方面对于领悟罗尔斯的观点有特别的意义。

1785年,康德发表了一部简短却难懂的著作,书名很大气,叫作《道德形而上学的奠基》(*Groundwork of the Metaphysics of Morals*)。稍加简化地说,这篇论文提出并尝试解决一个非常抽象和一般性的哲学问题。我们常常不只依条件反射或不假思索的习惯而行动,而在种种这样的行动中,我们大多倾向于依据我们看起来好的无论什么理由而行事。例如,我们可以想象,虽然安德烈娅在某些日子里很想睡觉,她仍然每天早上本本分分地准时起床,因为她认为她有好的理由准时到商学院听课。但是,我们多数人多数时候希望我们的理由不仅看起来好,而且实际上是好的——可以说,我们希望我们行事所依据的理由是成立的（valid）。（如果到头来安德烈娅并不真的必须准时去听课，可以想见安德烈娅会感到恼怒，大概也会据此改变她的行为。）因此，一个有趣的哲学问题就是：到底是什么东西——假如有这种东西的话——真正使我们的理由成立或不成立。

为回答这个问题，康德把我们可能持有的理由划分为两组。前一组理由可以被描述为工具性理由。假设安德烈娅想变得富有，再假设去商学院读书会增加她真的变富有的概率。那么看起来可以推出，她的确有一个理由——一个成立的理由——去商学院读书。工具性理由能够成立，凭借的是我们的目标或目的以及一些关于世界的事实。有点令人迷惑的是，康德把出自成立的工具性理由的命令称为"假言律令"（hypothetical imperatives）（其中的假言一词只是说，这些律令成立与否取决于相关的目标或目的，这些目标或目的对给定的事例或给定的人而言可能存在，也可能不存在）。这些理由与另一组理由形成对照，后者不是工具性的。请考虑我们是否有好的理由去救起一个掉进旁边池塘里的婴儿（此时周围没人可以帮忙）。如果我们有这样一个理由，那么它看起来就不是依我们碰巧有什么特定目标或目的而定的。比如说有些人想要被别人夸赞道德高尚，而其他人不在乎得到这样的夸赞；但是这两类人都应当救起婴儿（尽管不可否认，后者施救的可能性较小）。康德把这些出自成立的非工具性理由的命令称为"定言律令"（categorical imperatives）。

如我们所见，解释假言律令因何成立是相对容易的。真正的困难在于解释定言律令因何成立，这也是康德的特别贡献。他主张,要判定一个律令是不是定言律令,有一条独一无二的决策规则。更加令人迷惑的是,康德对这条独一无二的决策规则做出了多个表述——大部分人数的是五个——而这些表述据称又是互相等价的。此处我只提两个。第一个表述叫作人性公式(formula of humanity),它指示你要这样行动,以至于"无论是你的人格中的人性,还是其他任何一个人的人格中的人性,你在任何时候都同时当作目的,绝不仅仅当作手段来使用"(Kant 1785: 38)[3]。换句话说,我们不应该把人仅仅当作一种手段来对待,仿佛他人只服务于我们自己的目的。另一个更有名的表述叫作普遍法则公式(formula of universal law),它指示你"要只按照你同时能够愿意它成为一个普遍法则的那个准则去行动"(同前:31)[4]。这个提议的有趣之处在于它的确可以处理(前文讨论过的)困扰效用主义的一些问题,尽管这一点起初未得到普遍承认。考虑一下安德烈娅关于是否要依照诺言付给鲍勃 100 元钱的决定。这个决定可以被描述为两条相互竞争的准则(maxims)之间的抉择:第一条准则说,能遵守诺言时,就应该遵守诺言;第二条准则说,唯遵守诺言方便时,才应该遵守诺言。安德烈娅会希望哪一条准则成为普遍法则,亦即成为包括她自己在内的所有人都遵守的规则呢?如果她是明智的,那么她明显会选第一条而不是第二条。康德认为,这一点告诉我们,第一条准则是一个成立的定言律令。

---

[3] 中译参考康德,《道德形而上学的奠基》,李秋零译,北京:中国人民大学出版社,2013 年,第 49 页,文字有所改动。——译注

[4] 中译参考康德,《道德形而上学的奠基》,李秋零译,第 40 页,文字有所改动。——译注

尽管这个理路有成功的希望，但是康德的道德哲学在一段时间里并没有发展成一个能与效用主义竞争的理论。这一点，部分原因在于他晦涩的写作妨碍了很多人充分理解他的思想；实际上，曾有一段时间，人们认为，康德的道德哲学但凡是可理解的，那么它实质上就是与效用主义等价的！不过这还不是唯一的问题。另一个问题是，至少就康德在其著作中的阐述而言，普遍法则公式有一些严重的漏洞。要看到这点，我们得先指出，虽然我们的行为准则必须在每个人都遵从同样准则的意义上是普遍的，但这一理论并不要求准则要以同样的方式对待每个人。而且不应当提出这种要求，因为"给残疾人（而非其他人）提供轮椅"就是一条完全合理的、我们也许希望人人遵从的准则。但如果这条准则是可允许的，那么"始终歧视少数群体（而非其他人）"有什么错呢？如果安德烈娅本人不属于少数群体，那么她想要包括她自己在内的每个人遵从这条准则就是完全自洽的，而根据普遍法则公式，这看起来足以表明她的歧视行为得到了成立的理由的支持。这似乎不太对劲。

如今当然已经有很多种对康德道德哲学的精致论述来帮助我们克服这样的困难。但这是后来的事。当罗尔斯在1950年代开始他的工作时，康德仍是哲学史上一个相对冷僻的人物，社会契约论传统被公认为实质上已经消亡，而效用主义是唯一的真正选择。罗尔斯的天才在于他意识到此前似乎无人意识到的事情：洛克、康德等过往人物著作中的思想，虽然有其瑕疵，但仍能被更精致地重塑为一个有力的理论，对效用主义发出真正的挑战。从下一章开始，我们将看到罗尔斯如何尝试做这件事。

1.3 罗尔斯著述一览

本导读主要关注罗尔斯最重要的著作《正义论》。我们已经说到，这部著作大部分撰写于1960年代，最终于1971年付印。几年之后，罗尔斯接到德文译本的出版委托，而在为这部译本准备底本时，罗尔斯对文本进行了一些修订。虽然这些更改是1975年左右作出的，但修订版的英文本直到1999年才发行。其中的修改大多是细微的，在本书中，新旧两版文本一般来说可以互换，只有页码不同；少数实质性的差别出现时，我会专门提及。

然而在《正义论》之外，罗尔斯还有很多著述，因此，把该书与他的另一些著述联系起来审视，或许是有助益的。在《正义论》出版前的年岁里，罗尔斯在专门的哲学期刊中发表过一系列论文，《正义论》的许多主要的论证最初就是在这些论文里提出的。其中有三篇尤其值得留意。在《一个伦理学决定程序纲要》（Outline of a Decision Procedure for Ethics, 1951）中，他对道德和政治哲学中的辩护（justification）发展出一份奠基性的说明。其基本想法被罗尔斯称为"反思平衡"（reflective equilibrium），它潜藏于罗尔斯在道德与政治哲学方面所有著述的背后，实际上，它还影响了许多哲学家，而且这种影响很大程度上是在《正义论》的论证思路之外独立发生的。在《两种规则概念》（Two Concepts of Rules, 1955）中，罗尔斯把效用主义——他最终着手击败的理论——令人信服地表述成一个处理他最为关注的几类政治哲学问题的理论。(粗略地说,如我们下章将会看到的,他将其阐述为一个吸引人的社会正义理论。)这样做的一个理由或许在于,他对效用主义的阐述越是富于同情,他对效用主义的回应就越有说服力。最后,在《正义之为公平》(Justice as Fairness, 1958)中,他阐述了他用以替代效用主义的论证的核心思想。这篇论文相当于《正义论》一书的试运行版本。

《正义论》发表于1971年,过了一段时间后,罗尔斯开始从根本上重思其理论的某些重要方面。这一转向的细节极其复杂,也大大超出本导读的范围,但重要的是,我们应意识到这个转向的发生。罗尔斯仍然是在一系列论文中开始重新思索的,其中最重要的三篇是《道德理论中的康德式建构主义》(Kantian Constructivism in Moral Theory, 1980)、《社会统一与基本益品》(Social Unity and Primary Goods, 1982)和《正义之为公平:政治性的而非形而上学的》(Justice as Fairness: Political Not Metaphysical, 1985)。当罗尔斯终于理清其新观点的千头万绪,他最终在1993年出版了第二部主要著作《政治自由主义》(Political Liberalism)。这部著作极为艰深,读者若不是已经比较熟悉《正义论》的思想,就无法理解《政治自由主义》的很多方面。这两部著作共计近千页,代表了人们公认的他在大多数议题上持有的观点。

本书只是《正义论》的导读。至于罗尔斯的观点后来如何改变,只在它有助于我们更好地理解《正义论》时,我们才会提到。那些对罗尔斯的最终观点有兴趣,但一想到要读两部巨著又心生畏惧的人，也可参阅一部更加精简的读本《正义之为公平：正义新论》(*Justice as Fairness: A Restatement*, 2001)。准确地说，这不是罗尔斯撰写的一本书，而是他在哈佛大学的一系列讲座，这些讲座总结并对照了他的两部主要著作的论证，十分有益。它们虽无法作为《正义论》和《政治自由主义》的替代品，但确实对他最终的观点做了极为可贵的总体介绍，可以充当一份粗略而方便的指南，指引我们以应有的方式把他的所有思想连成一个整体。

2 主题概览

2.1 《正义论》中心思想

《正义论》这部著作篇幅长、密度大，总共近600页，读时极易迷失在细节中。因此，在上手读解文本时，对罗尔斯所要论证之点有一种整体认识会很有好处。本章意在提供这种认识，并附一份简略指南，以便读者在这本大书中寻找方向。幸好，领悟罗尔斯的论证的中心思想是比较容易的。

请回忆一下，我们曾在第1章提到，在罗尔斯最初形成其见解时，有两种道德与政治哲学理论正在较量。前一种理论，也是占优的理论，当然是效用主义。在多数人的心目中，其他一切理论看起来都远不如效用主义那样有力而精致。但同时很多人也承认，效用主义也有几项令人不安的特点，我们此前已经讨论过一些。眼下我们可以再考虑另外一点。请想象，在某个社会，有一个很小的少数群体陷于凄惨的奴役状态。这些奴隶当然很不幸福，但在有这些奴隶时，其他所有人的生活都更幸福一些，毕竟奴隶们被命令去从事社会中很多较繁重的工作。那么，当我们把多数人幸福的增进加在一起时，总和也许竟会远大于奴隶们遭受的不幸福的总和，尽管每个奴隶个体确实很不幸福。在这个社会中，效用主义看起来会赞成奴隶制。我们当然不希望计算出这样的结果，实际上大概也不会有这样的结果。但这该有什么要紧吗？换句话说，奴隶制正义与否，难道取决于碰巧计算出什么结果吗？如何回答这个问题，很多人有强烈的道德直觉：不——多数人的幸福是否超过奴隶们的不幸福，这不该有什么要紧，因为奴役人类的做法一看就是根本错误的。

难处当然在于这不过是个直觉。这就把我们引向了另一个道德与政治哲学理论，即直觉主义。但是，如我们在前一章讨论的那样，原来直觉主义并不真的是个理论，它不过是给我们碰巧拥有的一团杂乱无章的道德直觉起的名字而已。直觉主义无望击败效用主义，因为它无法回答这一问题：当我们的直觉不完整、不清晰或者（在最坏情况下）互相冲突时，我们该怎么做。罗尔斯想到，我们需要一个更好的理论，既像效用主义那样有力而系统，又能更好地说明我们的道德直觉——例如说明奴隶制何以具有内在错误。这样一个理论会是什么样的？

为了从整体上认识罗尔斯如何着手迎接挑战，首先有必要引入一些基础性理念。这些理念，待讨论到文本中的相关段落时，我们还会回头细讲；眼下，对它们的重要意义有一般性的把握就够了。第一个理念是社会之为"一个合作体系"（a system of cooperation）的理念。这是一种思考"何为一个社会"的方式，或者说，至少是一种思考"何为一个社会最重要、最具标志性的特点"的方式，对此可以举个简单的例子来说明。想象三位朋友要合伙开公司。其中一位是优秀的产品设计师，另一位有营销天赋，第三位是老到的会计。若一起工作，他们的合伙将会成功，赚很多钱，但若各自独立

2 主题概览

工作，或者互相竞争，他们就无法成功。假设他们确实同意一起工作。到了某个时候，他们总要决定新公司的利润如何划分。那么要依据什么规则划分才好？产品设计师可以争辩说，没有产品就没货可卖；她的贡献是最基本的，所以她应该拿利润的大头。营销人员可以争辩说，没有他的努力，他们就没有顾客，也就没有利润；所以他的利润份额才应该是最大的。依此类推。这里重要的是要注意到，他们如果都同意某一条规则，那么这对所有人都是件好事，不然就根本没法合伙，也就不会有利润可供划分；但同时，究竟应该同意哪一条规则，也许他们各自的想法会相互冲突，毕竟不同的规则有利于不同的人。因此，他们的合伙既是互利的，也是潜在分歧的源泉。

罗尔斯认为，我们可以按照大致相同的思路来考虑整个社会，即便它规模更大也更为复杂。如他所言：

> [……]一个社会是由一些个人组成的多少自足的联合体，这些人在他们的相互关系中都承认某些行为规则具有约束力，并且在很大程度上遵循它们而行动。我们再进一步假定这些规则指明了一个旨在推进参加者的利益的合作体系。那么，虽然一个社会是一种为了互利的合作事业，但它却通常不仅具有利益一致的特征，而且也具有利益冲突的特征。(4；修4)

例如，考虑一下不同社会中的工作是怎样得到充任的。在封建社会，工作通常按出身分派；比方说，你父亲是银匠，那你也是银匠；你父亲是农民，那你也是农民；依此类推。与此相对，在指令经济体制的社会，工作由政府计划者分派，他们要做的是对你的能力与共同体的需要进行某种评估，并据此调配工作。在资本主义社会，工作由劳动力市场机制来分派，而劳动力市场不但受供求法则制约，还受劳动法规、许可要求等规范制约。在罗尔斯心目中，这些例子都是规定着"一个合作体系"的"行为规则"。由于这些规则"推进参加者的利益"（比如说我们都因分工而受益），因此我们可以把社会当作"一种为了互利的合作事业"。但同时，既然某一种规则配置可能有利于某些人，另一种配置则有利于另一些人，所以社会"不仅具有利益一致的特征，也具有利益冲突的特征"。挑战在于确定哪种合作体系对于所有人来说是最好的。

这就把我们引向了罗尔斯思想的第二个基础性理念，他称之为"社会的基本结构"（basic structure of a society），并将其定义为"社会主要制度分配基本权利和责任，决定由社会合作产生的效益之划分的方式"（7；修6）。为了弄明白他这是指什么，我们最好再举一个简单的例子。考虑某个社会中的两个成员，安德烈娅和鲍勃。不妨假设他们是差不多同样聪明、同样有能力的个体，但安德烈娅勤劳，而鲍勃懒惰。现在，如果问我们，可以预期谁的生活整体而言会过得更好（这里的"好"取其常规含义），那么在其他条件相同的情况下，我们大概会认为是安德烈娅。但这未必能一概而论；很多事情取决于他们碰巧生活在什么样的社会。例如，想象他们生活在一个封建社会，安德烈娅生而为农民，鲍勃生而为贵族。就算安德烈娅付出的努力远多于鲍勃，可她的生活，无论以何种合乎情理的尺度衡量，大概总会过得远不如鲍勃。或者想象安德烈娅生来是19世纪早期美国南方的奴隶，而鲍勃生来是种植园主人的儿子：同样，安德烈娅再努力，过得大概还是会比鲍勃差很多。这些例子表明，我们的生活过得怎样，只有一部分原因在于我们的个人努力。这当然不是说个人努力不算什么——安德烈娅勤劳大概会比不勤劳要成功些。要点只在于，社会的具体组织方式往往会起相当大的作用。

罗尔斯所说的社会的"基本结构"，大体上就是指这个：除了个人努力，还有一套社会制度与实践也系统性地影响我们可预期的生活状况，而基本结构指的就是这套社会制度与实践。这套制度和实践显而易见地包括某些事物，如政府和法律体系，但也不那么显而易见地包括另一些事物，如经济体系的组织，又如某些情况下的文化状况。举一个经济体系的例子。假设鲍勃碰巧有在棒球比赛上击出本垒打的天赋。那么，他的生活过得怎样，将部分地取决于他多么努力地培养自己的才华，但也将部分地取决于经济体系的结构：如果有一个交易棒球才华的自由市场，那么他的生活状况就可能会比没有这么一个市场的情况好很多。再举一个文化状况的例子。假设安德烈娅生在一个存在深刻性别歧视的社会。就算这种一般性的性别歧视并未反映在正式颁布的法律和政策上，她的生活状况大概还是会比活在一个不那么性别歧视的社会要差。由此我们了解到，社会基本结构这一理念是极为宽泛而抽象的：任何制度和实践——不论是法律的、经济的还是文化的——只要构成了社会成员按自己的打算尽量过好自身生活的背景条件或社会环境，都包括在社会的基本结构之中。

尽管这个基本结构的理念极为宽泛、抽象，但它其实为罗尔斯提供了把他与效用主义的争执收窄的依据。这是因为效用主义往往不仅仅被解读为一个有关社会应当如何组织的理论，实际上还被解读为一套完整的道德哲学。也就是说，在我们看来，效用主义为之提供回答的问题，也许不仅包括奴隶制是否可以接受，还包括我是否应当为了保护朋友的感受而对朋友撒谎，我的加薪是应当花在一台新车上还是应当捐给慈善机构，等等。对效用主义的较宽的解读和较窄的解读哪一个更好，哪一个更符合效用主义创立者（边沁、穆勒等人）的初衷，都是存在争论的话题，但我们在讨论罗尔斯时可以不去管这些争论。这里重要的一点是，《正义论》所针对的是较窄意义上的效用主义，即一套关于所谓社会正义（social justice）的理论。[1]

也就是说，如果我们把社会设想成一个互利的合作体系（如上文所讨论的），并且如果我们设想那个社会的基本结构确定了合作的主要条款，那么我们就可以把社会正义理论设想为一份说明，它说明的是哪一种可行的基本结构最好地体现了正义这一德性。用罗尔斯的话说，基本结构是"正义的主题"（7；修6）。从这个观点看，效用主义就是持如下观点的理论：最为正义的基本结构是倾向于使社会所有成员的幸

---

[1] 在《两种规则概念》（Rawls 1955）中，这种诠释被阐述为对效用主义最言之成理的诠释。

福总和最大化的基本结构,其中每个成员的幸福要平等地计入。我们可以不去管效用主义是否可以作为一份有道理的、对一般而言的道德的说明,而是更狭窄地询问它是不是对社会正义的最佳说明。在罗尔斯看来,它不是。那么他认为更好的说明是怎样的?

为了领略他提出的替代方案,我们可以再借助一个简单的示例。想象一个富有的牧场主去世了,把他的牛留给了两个儿子,但没有具体说哪些牛给哪个儿子。可是每头牛都有自己独具的特征,所以分牛这件事并不那么简单,不能只是把牛分成数量相等的两组,也不能只是把所有褐色的牛分给一个兄弟,把所有黑色的牛分给另一个兄弟,诸如此类。既然兄弟二人在如何分牛的事情上起了点争执,于是他们决定咨询一位睿智的法官。法官是怎么处理的?回答很简单。法官对一个兄弟说:"把牛群分成两批,随你怎么分。"然后对另一个说:"等你兄弟把牛分好了,由你挑选哪一批是你的,哪一批是你兄弟的。"很多人一看这个方案就会觉得它公平至极。由于第一个兄弟可以认定,两批牛若有好坏之别,第二个兄弟就会挑出较好的那一批,所以他不得不把这群牛尽量划分得公平,这样无论留给他的是哪一批,他都满意。而罗尔斯的社会正义理论——他所说的"正义之为公平"——本质上就基于同样的想法。[2]

在他看来,对一个社会而言,最为正义的基本结构是你在如下情况下会选择的基本结构:你不知道你会在那个社会

---

[2] 然而也并非与之完全等同,这一点将在下文指出(见第 3.8 节)。

的合作体系中扮演什么特定角色。也就是说,你可能到头来是个有钱的业界巨头,也可能是个普普通通的环卫工人。要问的是,在你不知道这一点的情况下,你会选择在一个什么样的社会生活?我们对这个问题的回答就给了我们一份对正义社会的说明。它是一个极其令人信服的理念,而《正义论》的全部旨趣无非是推究出这么一个基本思想的详尽细节。

不过,在一头扎进这些细节前,值得指出的一点是罗尔斯如何融汇了上一章讨论的各个理念。他首先从洛克那里汲取了社会契约的概念,但设法摒弃了这一学说背负的历史学负担:我们无须再想象人们曾经生活在一种自然状态下,也无须再想象人们真的对一个特定的政府表示了同意。在罗尔斯看来,上文提出的问题仅仅是假想,是一个思想实验。也请注意,社会契约的内容发生了重要转变:罗尔斯想象的社会契约不是一份事关某种政府形式的协定,而是一份事关社会基本结构的协定。罗尔斯把自然状态替换为如下想象:要求人们在他所说的一个"原初位置"(original position)之中去选择基本结构。罗尔斯说,由于你对自己将会在社会中拥有的特定角色不得而知,因此你在原初位置上的选择就只能从一块"无知之幕"(veil of ignorance)背后作出。这个无知之幕的理念引入了康德的道德哲学:它迫使你秉持严格不偏不倚的标准去选择基本结构。这大体上就是普遍法则公式本来要做的事情,但无知之幕做得更好。你会选择在有性别歧视的社会生活吗?当然不会,因为你不能确定你会是男人还是女人。你会选择在奴隶制社会生活吗?当然不会,因为你也可能到头来是个奴隶。基本的思维过程就是这样,不过罗尔斯的实施方式实际上抽象得多。据他想象，你要选择的不是具体制度，而是指导具体制度设计的一般性原则。他的论证是，在无知之幕后的原初位置上，你不会选择效用主义的一般性原则，而是会选择正义之为公平的原则。

2.2　文本便捷指引

脑海里有了以上的梗概之后，我们来浏览《正义论》的目录。整个文本显然分为三编（parts），每一编又分三章（chapters）。然而，这些章都异常冗长，每一章长达50页以上。读者若尝试通读全书，就会很快发现，各章都涵盖了诸多不同话题，而这些话题又不总是明显地由某个单一而连贯的主题所串联。无疑，造成这种情况的部分原因在于该书的撰写方式。大约在1960年代中期，罗尔斯完成了《正义论》的一份草稿，它比该书终版要短很多。多年来，这份手稿流传于学生和同事之间，他们给罗尔斯提出了大量批评性的反馈。这段时间也正值美国和其他地方发生巨大的社会与政治动荡（如上一章所述）。对这些事变的反思，加上读者的批评性反馈，自然促使罗尔斯进一步发展了他的思想。然而，当年他的写作还无法借助计算机，因此对文本作出改动并不容易。所以，他最常采用的修订形式是单独撰写新的材料。写好后，他会为这些新加的材料配上字母代码（A、B、C等），以标识它们应从哪里插入原文。显然，这种流程岂能造就精简的终稿！其结果便是一部各章铺展散漫、篇幅甚为冗长的著作。

对我们来说幸运的是，罗尔斯选择把每一章分成若干节（sections）。这连续编号的87节成了大多数人阅读该书的主要单元。每一节五到十页，比较容易消化，而且每一节通常单独探讨一个大体连贯的主题。所以，读者不必严格地依次阅读这些有编号的小节，很多人实际上也不这样阅读。例如，从整部文本中分出5个模块，每个模块约50页，就可以形成像下面这样的一份完全合用的阅读计划：

- §§1–9：这几节介绍《正义论》的主论证，并确立正义之为公平与效用主义的对照。
- §§11–17、68：这几节详细刻画正义两原则，它们构成了罗尔斯的正义之为公平理论。
- §§20–26、33、29、40：这几节提出原初位置论证，该论证支持正义之为公平而反对效用主义。
- §§31、34–37、43、47–48：这几节讨论了正义之为公平如何在主要的社会与政治制度的设计中得到实施。
- §§44、46、18–19、55–59、87：最后，这几节讨论了代际正义与公民不服从的难题，并给出了罗尔斯的结论。

22　这个阅读计划总共只涵盖了整部文本一半左右的篇幅，而且显然非常偏重该书前三分之二的内容。这并非偶然。大体来说，《正义论》后三分之一的内容专门探讨了罗尔斯所说的"稳定性问题"——这个问题大致是：生活在由正义之为公平原则所规制的社会的人们，何以会接受和支持这些原则，而不是拒绝和抵制它们。然而，我们在上一章中指出，在1971年该书出版之后的某个时候,罗尔斯开始重新考虑他的许多观点,特别是那些恰恰与稳定性问题有关的观点。由于罗尔斯本人认为自己后来在《政治自由主义》(1993)中提出的观点取代了《正义论》第三编的论证,而《正义论》前两编的观点是罗尔斯本人或多或少一贯坚守的,所以人们习惯上对第三编的关注远少于前两编。

不过,本导读以全面为宗旨。因此,我们将会基本按顺序在文本中前进,对文本的所有部分都至少提供一些指导,尽管不总是予以同等的关注。这样一来,无论读者有怎样的特定阅读兴趣或计划,都更容易在文本中找到方向。

3 文本阅读

3.1 概述正义之为公平（§§1–3）

在《正义论》前三节，罗尔斯便宜地对他的社会正义论做出了宽泛的概述。在这个过程中，他引入了他对这类问题的整个思考方式背后的一些基础理念。因此，细心留意开篇这几节，将十分有助于我们对整个文本的理解。

在§1，罗尔斯提出两个大胆的断言。我们大概会觉得，认为一种社会制度是好是坏有很多理由，例如其经济效率的高低，或者它在什么程度上反映着一个共同体的传统价值。但罗尔斯断言：

> 正义是社会制度的首要德性（first virtue），正像真实是思想体系的首要德性一样。一种理论，无论它多么精致、多么简洁，只要它不真实，就必须加以拒绝或修正；同样，某些法律和制度，不管它们如何有效率、如何安排得当，只要它们不正义，就必须加以改革或废除。

我们在第2章讨论过奴隶制。假设在某个社会里，奴隶制恰好是对特定形式的劳动力的一种经济效率很高的调配方式。对于这一点罗尔斯想说的是，我们不应该认为它有什么相干：毕竟，正义重于经济效率。这便是他的第一个断言。他的第二个断言是，每个"人都拥有一种基于正义的不可侵犯性，这种不可侵犯性即使以整个社会的福利之名也不能逾越。因此，正义否认为了一些人享有更大利益而损失另一些人的自由是正当的"（3-4；修3）。奴隶制又一次提供了有用的示例：即使奴役一小群人可以使整个社会的幸福得到增进，我们这么做也是不正义的。或者，我们假设，把所有可能是恐怖分子的人不经审判地关起来，可以使整个社会更安全。那么，这么做同样不正义。为表达这个想法，我们常说，必须至少让人们有一些基本权利，或者说，一些不可剥夺的权利。

明白这样一点很重要：罗尔斯并未自诩开篇这两个断言构成了论证。这两个断言虽然表达了很多人的实际看法，但眼下还不过只是些直觉；即使有一定正确性，它们大概也像他说的那样，"表达得过于强烈了一点"（4；修4）。然而，我们应该看到，效用主义——罗尔斯写作时占优的社会正义理论——在说明这两个直觉方面都有困难。罗尔斯提议我们探讨一下，有没有另一种理论能以一种令人信服且系统的方式更好地说明这两个直觉。如若我们成功，我们就有可能发现，与效用主义所认为的不同，这些直觉整体上是得当的。

为此，罗尔斯接着给一种相竞争的理论规定了一些基本理念模块。他从社会之为一个合作体系的理念讲起，这一理念我们之前在第2章讨论过。它是这样一个想法：我们可以把一个社会设想为一个复杂的体系，该体系用于协调形形色色人的活动，以使他们相互受益。那么，在任何社会，这种协调都有很多种可行的组织方式。由于在不同的协调体系中，社会不同成员的受益程度有高有低，因此我们就需要一项或一批原则来帮助我们从种种备选项中作出选择。罗尔斯说，其中就有"社会正义的原则，它们提供了一种在社会的基本制度中分派权利和责任（duties）的办法，界定了社会合作的效益和负担的恰当分配"（4；修4）。例如，我们可以把目前美国的制度配置对照于一种可能的替代方案，这个替代方案在多数方面与美国相同，不同的是，它包含某种国家医疗保障体系。在职责的分派以及效益和负担的分配上，这两种配置会有些许不同。那么哪种配置更好？社会正义的原则会对这个问题提供一个回答。

这就把我们带到罗尔斯的第二个基本模块，也是我们在第2章讨论过的一个理念：社会的基本结构。请回忆一下：基本结构指一些法律、经济和文化上的制度与实践的配置，这些制度与实践，共同构成了一个社会的个体成员按自己的打算而生活的背景条件。虽然基本结构并没有完全决定一个人会过得怎样——个体努力、运气等因素无疑也会起一定作用——但尤其重要的一点是，无论基本结构起什么作用，让个体本人去为这些作用负责都是说不过去的。本着这一主旨，罗尔斯评论说：

> [……]社会制度就使得某些起点比另一些起点更为有利。这类不平等是一种特别深刻的不平等。它们不仅涉及面广，而且影响到人们在生活中的最初机会，然而人们大概并不能通过诉诸配得（merit）或应得（desert）来为这类不平等辩护。（7；修7）

可以完全自然地认为，如果鲍勃工作比安德烈娅努力，那么在其他条件相同的情况下，鲍勃的努力就应使鲍勃配得或应得一份更大的回报。这是因为，通常我们想让人们为自己作出的选择负责：如果安德烈娅选择不那么努力工作，那么她的回报就该反映她的选择。然而配得和应得并不适用于如下情况：单纯因为鲍勃生而为贵族，安德烈娅生而为农民，鲍勃就得到更大的回报。这些种类的回报并不是鲍勃一方在任何意义上配得或应得的，而纯粹是出于他所处的社会正好有一种特定的基本结构，并且他正好出生在这个基本结构中的一个有利的位置。

也许我们像是在一个显而易见之点上唠唠叨叨，但有些读者对罗尔斯主张的解读远比他的本意更强。具体而言，有些人认为罗尔斯是在说，我们过得怎样，完全被我们社会的基本结构所决定，因而谈论个体的配得或应得是毫无意义的。后面我们将会看到，这种解读再离谱不过。罗尔斯想说的不过是：基本结构明显产生了某种影响，而不论是何种影响，它都处在个体配得或应得的范畴之外。既然要我们为社会的基本结构对我们的生活前景造成的影响负责是说不过去的，那么，把基本结构弄对就尤为重要。奴隶制和性别不平等这样不正义的制度，迫使数以百万计的人们过着比没有这种制度的情况下糟糕得多的生活。所以，哪种基本结构是对的？这个问题，如罗尔斯所说，即是社会正义的主题。

罗尔斯对基本结构的集中关注起到了收窄他的讨论范围之效，这表现在好几个方面。其中一个方面——我们曾在第

2章提到过——通常隐含在文本中，没有得到明确表达。效用主义有时被阐释为一种整全性的道德哲学，它不仅指明了哪种基本结构比别的好，也指明了哪种个人行为方式比别的好。罗尔斯对基本结构的集中关注把我们的话题限定在了社会正义这一个问题上。

不过在此之外，罗尔斯还在§2明确指出了两个进一步的对他讨论的限定。第一，他说，在构成一个社会基本结构的制度和实践之外，还有很多规模更大或更小的制度和实践。例如，俱乐部或其他私人联合体的实践规模更小，国际关系的实践规模更大。虽然罗尔斯在《正义论》中简短考察了其中一些问题（也在后来的一些著作中更详细地论述过），但《正义论》的论证主线则将其放在一边，集中关注单一社会的主要制度和实践，把一个社会"暂且理解为同其他社会隔绝的封闭系统"（8；修7）。而且他还告诫我们，不论就社会而言对正义的最佳说明是什么，把它应用在这些更大或更小的场景中时，它都未必是最佳的。

第二个限定涉及他所称的"严格服从"（strict compliance）和"部分服从"（partial compliance）之间的差别（8-9；修7-8）。严格服从理论处理的问题是，假定每个人都多多少少做自己该做的事——比如说没有人行窃、行贿，等等——那么，社会的基本结构应当如何分派合作的效益和负担。显然，任何一个现实社会都存在一些盗窃、贿赂之类的现象，我们也希望相应地对效益和负担的分配作出调整：作恶者应受到惩罚，受害者应得到补偿，等等。部分服从理论处理的就是这些事后的调整。但是，罗尔斯把他的关注范围局限在严格服从理论，这激起很多读者抱怨他的理论不现实。这个说法在某种意义上的确没错，但是从另一种意义上说，严格服从理论必然有一种相对于部分服从理论的逻辑优先性。比如说，为了确定一份特定的财产是否被偷窃，我们必须先确定谁是其合法的主人，也就是说，假定从来无人犯规，谁会持有这份财产。而这正是严格服从理论的任务。所以，像罗尔斯那样，从严格服从开始，把部分服从留待以后解决，是完全讲得通的。

阐述了这些基本定义和限定之后，罗尔斯进而在§3提出了他这种社会正义理论的"主要理念"，他把这个理念称为"正义之为公平"。正义之为公平

> ［……］把人们所熟悉的社会契约理论（如洛克、卢梭、康德那里的契约理论）加以一般化，使之上升到一个更高的抽象层次。为做到这一点，我们并不把原初契约设想为要进入一种特定社会或建立一种特定政体的契约。毋宁说，这里的指导思想是：适用于社会基本结构的正义原则即为原初协定的目标。这些原则是想促进自身利益的自由而理性的人们在一种平等的最初状态中会接受的，他们会以这些原则界定他们的联合的基本条款。（11；修10）

在第2章，我们讨论了正义之为公平如何既把握到传统的社会契约观点的主旨，又避开了它的困难。大体来说，我们要想象一群理性人身处一块"无知之幕"后的"原初位置"。无知之幕把这些个体置于相互平等的地位，并保证他们每

个人都会从一个不偏不倚的适当角度作出判断。接下来，我们力求推演出这些人会同意何种"适合于基本结构的正义原则"：这是一些一般的原则，用来评估社会制度与实践的不同配置可以在何种程度上被视为正义或不正义。换句话说，如果我们想知道奴隶制正义还是不正义，我们就该去问问，奴隶制是否符合身处无知之幕后的原初位置上的理性的人们会为自己终生所处的社会选取的原则。

罗尔斯十分谨慎地坚称这是一个假想的问题——原初位置严格来说是一个思想实验。"当然，没有任何社会能够是一个人们（在字面含义上）自愿加入的合作体系，"罗尔斯承认，"因为每个人都生来就处在一个特定社会中的一个特定地位。"这是人们对传统社会契约学说提出的异议之一。即使是一个依罗尔斯的理论来看完全正义的社会，就其中多数人而言，我们也不能说这个社会是他们在字面意义上自愿选择的。（我们可以把他之前提出的"封闭"且"隔绝"的社会系统的假定解读为对这一点的强调，因为一个封闭而隔绝的社会的成员按定义就不能自愿从中退出。）但它会有其他社会没有的一个极为重要且有价值的特点。那就是，在一个在罗尔斯所说的意义上正义的社会里，公民们"能够互相说，他们正按照这样的条款在合作——只要他们是自由平等的人，并且他们之间的关系是公平的，他们就都会同意这些条款"。故而，"一个满足了正义之为公平的原则的社会，还是尽可能地接近于一个自愿计划（a voluntary scheme）"（13；修 12）。这段话明显会令人想起卢梭《社会契约论》中的一个著名表述：在一个自愿主义的社会里，每个人尽管在一个共同的法律与制度系统中"与全体相联合",却在某种意义上"服从的只不过是他本人,而且同以往一样的自由"(Rousseau 1762: 148)。[1] 这是一个非常有力而令人信服的想法。同时,我们必须承认这里有一个罗尔斯从未充分论述过的含糊之处。如果社会契约只不过像罗尔斯后来说的那样,是"一种阐释手法"(an expository device),而我们绝无从字面意义上拒绝或接受它的机会,那么它还怎么可能把我们转化为真正自由、平等的公民呢?这是一个深刻而困难的问题,我们最好另找机会探讨。

我们会期望居于无知之幕后的原初位置上的理性的人们就什么达成一致呢?《正义论》的主体就是力图格外细致地回答这个复杂的问题。但罗尔斯在§3概括了他的回答的主旨。大体上说,他主张,处在无知之幕后的原初位置上的理性的人们会拒绝效用主义。罗尔斯认为,"初步看来,认为各自平等的(无知之幕使他们不得不如此)[……]人们""几乎不可能同意这样一个原则:只是为了使某些人享受较大的得益就损害另一些人的生活前景"。这是因为"一个理性的人不会仅仅因为一种基本结构能使得益的代数和最大化就接受它,而不顾及它对自己的基本权利与利益的永久影响"(14;修13)。无论如何,这至少是罗尔斯想要论证的。如果说原初位置上的人们会拒绝效用主义,那么他们会接受什么呢?罗尔斯相信他们会同意两项正义原则:

---

[1] 中译参考让－雅克·卢梭,《社会契约论》,李平沤译,北京:商务印书馆,2011年,第19页,文字有所改动。——译注

3 文本阅读

> 第一原则要求平等地分派基本的权利和责任；第二原则则认为社会和经济的不平等［……］只有其结果能给每一个人，尤其是那些最不利的社会成员带来补偿效益，它们才是正义的。（14-15；修 13）

这就是著名的"正义两原则"，我们后面还会听到很多与之相关的内容。那么为什么这两项原则会比效用主义更受青睐？罗尔斯又一次预告了将在《正义论》第3章中出现的详细得多的论证，他在这里提示说，这两项原则抓住了我们的一种感觉：

> 由于每个人的福祉都依赖于一个合作计划，没有它则谁都不会有满意的生活，因此，得益的划分就应当能够招引每个参与者的自愿合作，这包括处境较差的人们。（15；修 13）

在这里，我们巧妙地回到了我们由之出发的想法，即社会之为一个庞大、复杂的互利合作体系。为了让每个人都甘愿合作，必要的一点是合作的条款在各方眼中都是公平的，而依罗尔斯的看法，正义之为公平的两项原则为我们描述了出现这种情况的条件。

研读问题

1. 在何等程度上，我们对自己的生活状况负责？在何等程度上，我们的生活前景受我们个人不可控的政治与社会因素的影响？

2.一个完全自愿主义的社会是我们自己选择相互合作的条款的社会,那么这样一个社会的愿景是不是一个有吸引力的理想愿景?它的局限性有哪些?

3.2 效用主义与直觉主义(§§5-8)

在简短概述了他对正义之为公平的核心论证之后,罗尔斯进而在《正义论》第1章的余下部分对其理论的主要对手做了详细一些的考察:§§5-6论述效用主义,§§7-8论述直觉主义。(§4和§9涉及一些方法论问题,我们会在下一节探讨。)鉴于他写作的历史背景(我们在本书第1章讨论过),他选择这两个对手予以特别关注是完全可以理解的。

罗尔斯把效用主义定义为这样一种观点:"如果一个社会的主要制度被安排得能使属于它的所有个人的满足加总后的净额达到最大,那么这个社会就是组织有序的,因而是正义的。"(22;修20)请注意,在这个定义里,效用主义的应用范围仅限于对社会的主要制度即其基本结构作出评价。换言之,罗尔斯的"效用主义"一词通常特指效用主义的社会正义理论,而不是指效用主义这门整全的道德哲学。然后,他对效用主义提出了几点评述。这些评述——起码在我们有某种言之成理的替代方案前——不是作为反对意见提出来的。其主旨实则在于凸显效用主义与正义之为公平的一些对比点,待主论证在后文中得到进一步推进,这些对比点就会变得重要。

罗尔斯的第一点评述涉及效用主义的内部结构:按他的

说法，效用主义是一个"目的论"理论。目的论理论即任何这样的理论：它"首先将善（the good）定义为独立于正当（the right）的东西，然后再把正当定义为使善最大化的东西"（24；修21-22）。对于效用主义而言，相关的善就是幸福。这种观点认定，我们关于什么叫作生活得幸福或不幸福（我们马上还要再谈这一点）有一种独立的认识，因此我们可以简单地定义，如果某物倾向于使幸福最大化，那么它就是正当或正义的。当然，也可以有其他的目的论理论。罗尔斯提到的一个例子是目的论的至善论（teleological perfectionism）。至善论理论从这样一种善观念出发：善就是去实现某种特定的人之卓越——比如说一种艺术成就，或者一种依照上帝意志度过的生活，诸如此类。颇类似于效用主义，至善论者接下来会按事物通常是否能使人们所偏好的卓越最大化，来判断事物的好坏。在罗尔斯写作之时，至善论理论总体上并不流行，他提到这种理论主要是为周全起见；但从那以后，人们对至善论的兴趣又有再起之势，所以罗尔斯对这个话题的零星评论还是值得注意的。

就一般的目的论理论而言，以及特别就效用主义理论而言，引人注目的一点是这类理论似乎可以体现某种理性（rationality）。考虑一下我们如何就自己的生活作出决定。我们常常面临一个选择：是当即获得少量的幸福呢，还是未来获得更多的幸福。（为简单起见，不妨假设，即使考虑到我们可能在经历未来的幸福之前就死去的概率，以及类似的折减因素，未来的幸福仍然更多。）在面临这样的选择时，我们大多数人认为，理性的做法是选择更大的（未来的）幸福，而不是更小的（更早的）幸福。这并不是说我们一向——哪怕是经常——按照这种选择行事，而是说，当我们选择眼前的满足时，我们大多数人都会认为这不理性。如此判断之际，我们实质上就是把我们在生活中每个不同时刻的幸福视为大致等价的。因此，理性就在于完全平等地计算每个未来时段（可以说我们的每一个未来自我）的幸福，并作出倾向于使我们的幸福总量最大化的选择。像效用主义这样的目的论理论就是简单地把这种推理从个人的角度扩展到了社会的角度。如果个人的理性在于把整个一生的幸福加总，完全平等地计算每个时刻的幸福，那么，社会的理性同样也应该在于把整个社会的幸福加总，其中完全平等地计入社会中每个成员的幸福。根据这种观点，"多人联合体的选择原则就被诠释为单个人的选择原则的延伸。社会正义就是把理性的利害谋虑（rational prudence）的原则用在一种总和式的（aggregate）群体福利观念上"（24；修21）。

罗尔斯关于效用主义的第二点评述与第一点相关，其实基本上就是第一点的推论。他评述到，一切严格意义上目的论的理论，原则上都不关心分配。换言之，只要幸福总量尽可能地大，幸福在社会中如何分布是无关紧要的（要不然也只是间接地相关）。具体是谁幸福，这没关系。当然，幸福的分配可能间接相关——例如在很多人身受深重的嫉妒之苦的时候。这种情况下，当一些人比另一些人幸福很多时，嫉妒心也许使后者的幸福倍减。在易生嫉妒的文化环境中，单靠减少幸福分配上的不平等来增加幸福总量是有可能的。但如果不是这种情况，效用主义就可能导向相反的政策。假设有一个特殊群体能从消费益品中体验到强烈而不知餍足的快乐。既然这些（用哲学文献的花哨词语来说）"效用怪物"（utility monsters）把消费转化成幸福的效率比别人高出这么多，我们或许会发现，把社会中的物质益品的大头拨给他们，可以使幸福体验的总量最大化。[2]

诚然，其他社会成员会因此不那么幸福，但按照效用主义观点，"原则上就没有理由否认可用一些人的较大得益补偿另一些人的较少损失"（26；修23）。这种情形看似不太真实，但它实际上比我们想象的更有可能出现。人们常常照着自己的境况来调整自己的期待。在一个少数成员极富而民众生活贫困的财阀社会里，后者有可能渐渐习惯了自己的处境，故而他们虽然收入微薄，却能觉得自己还算幸福，而前者则成为极其幸福的超级享乐主义者：这样一来，幸福的总量就无法通过更平等的物质益品分配来提高。

罗尔斯"正义之为公平"的理论不像这样对分配漠不关心，因此，它不能把社会正义单纯定义为某种善的最大化。请回想一下，目的论理论以独立于正当的方式刻画善，然后把正当定义为善的最大化。用罗尔斯的术语来说，任何拒斥其中一点或者两点都拒斥的理论即为"道义论理论"（deontological theories）。他说，正义之为公平是"第二种含义上的"道义论，也就是说，因其拒斥最大化原则而成为道义论（30；修26）。至于它在多大程度上符合道义论的第一种含义，这个问题更为复杂，我们以后再考察。由于罗尔斯

---

2 这里请读者注意，如例子所示，效用主义者未必不关心幸福以外的事物该如何分配，因为物质性益品等事物的分配可能会影响幸福的总量。

不把目的论结构用于他的理论，所以他放弃了以上讨论的那种易于提出的诉诸理性的论证；他对正义之为公平的论证，必然会有一种大为不同的形式。

现在我们来看罗尔斯对效用主义的第三点评述。他提醒读者回想一个我们常有的直觉，即个体应该具有"一种基于正义，或者说基于自然权利的不可侵犯性，这种不可侵犯性甚至是其他所有人的福利都不可逾越的"（28；修24-25）。因此，即使重新引入奴隶制或者不经审判地拘禁潜在的恐怖分子可以增加幸福的总量，我们也不应该这样做，因为这会侵犯基本的个体权利。虽然效用主义很难说明这些直觉，但是正如我们之前所述，这也不是完全不可能：

> 虽然效用主义者承认，他的理论严格说来是与这些正义的情感相冲突的，但他还是主张正义的常识性准则和自然权利的概念作为次一级的规则只具有一种从属的有效性，这种有效性来自以下事实：在文明社会中，遵循它们通常会带来巨大的社会效用，而只有在非常特殊的情况下，允许违背它们才会带来巨大社会效用。甚至我们在肯定这些准则和诉诸这些权利时常常涌现的巨大热情本身也被看作某种有用性（usefulness），因为它抵消了人们以效用原则不认可的方式违犯它们的自然倾向。（28；修25）

换句话说，我们完全可以想象，不经审判地拘禁人的做法通常会减少幸福的总量。因此，我们引入一条经验规则：它简单地规定，每个人都有得到公平审判的权利。遵守这个简单的规则，比起每遇一事就把所有问题计算一遍要容易多了，而这样省下的精力，用来对这条规则确实误导我们的极少数情况作出补偿，大概也绰绰有余。实际上，即使"这条规则不可违反"这一点并不完全真实，但让自己相信这一点也有助于我们在一时激情或狂热之际守住规则。我们也许会觉得这种对权利的效用主义论证多少有点道理，但它有一个奇特之处，那就是它仅仅对权利提供了一种间接的说明，将其视作"一种对社会有用的幻象"（28；修25）。这提供了与正义之为公平的另一个对比点，后者旨在直接地阐说权利，而不是仅仅把它当作有用的虚构。

　　罗尔斯的最后一个评述关乎效用主义所依赖的幸福观念。我们此前一直避开了这个问题，但对于针对效用主义传统的论辩而言，对于该传统内部的论辩而言，其实它都是一个核心问题。效用主义指示我们把幸福总量最大化。但什么算作幸福？粗略地说有三种观点。根据第一种观点，我们说，一个人的幸福水平等于其快乐体验按强度和持续时间调整后的净值，减去其痛苦体验经过同样调整后的净值。这里把快乐和痛苦理解为自然主义观点下的现象，它是我们可以测量的东西，比方说可以通过把二极管连到对应的脑区来测量。一般认为，这种"享乐主义"观点与杰里米·边沁有关，据这种观点，效用主义教导我们要让快乐的大脑状态尽量多，痛苦的大脑状态尽量少。人们对这种享乐主义的效用主义的异议是它暗示了这样一点：我们应该更喜欢一种打着稳定的吗啡点滴的静坐不动的生活，而不是偏爱一种体验上丰富得多的主动的生活，一种蕴含着惯常的情绪起伏的生活。为了规避这个异议，J. S. 密尔（J. S. Mill）提出了一种可称为"至善论效用主义"的观点，根据这种观点，种种快乐与痛苦都有一个独立的质的尺度来衡量其客观上的优劣，而无关乎快乐与痛苦的量。因而我们可以声称，读拜伦勋爵的一首短诗这一件事的快乐，客观上优于在一整个漫长炎热的夏天里享受很多杯冰啤酒的快乐的总和。

我们在这里无须关心这场论辩中错综复杂的细节。这是因为，到了罗尔斯写作的时候，以上两种观点都已经被人们抛弃，让位于第三种观点了，即所谓的"偏好论效用主义"（preference utilitarianism）。依这种观点，我们简单地把幸福定义为偏好或欲望的满足，无论这些偏好或欲望的内容是什么。例如我们说，当安德烈娅的偏好得到的满足多一些，她就幸福一些，得到的满足少一些，她就不幸福一些。请注意，依这种观点，偏好的满足是不是真的实现了快乐的大脑状态并不要紧，要紧的只是她确实有这个偏好，并且这个偏好确实以某种方式被满足了。这种关于幸福的偏好满足论观点与现代经济学和博弈论采用的标准版效用理论一致，这种观点也成为效用主义思想的主流派别。罗尔斯称之为"古典效用原则"（25；修22），并将其归功于边沁（这或许不太准确）以及后世一些重要的效用主义者，如亨利·西季威克（Henry Sidgwick）。

上述这些对我们的讨论的意义在于，按照偏好论效用主义的看法，我们必须对一个人欲望的内容严守一种不置可否的态度。罗尔斯说："这样说来，如果人们在相互歧视或者在损害别人的自由以提高自己的尊严的行为中得到某种快乐，那么，对这些欲望的满足，也必须在我们的审思之中[……]与别的欲望放到一起进行权衡。"(30-31；修27)因此，当我们努力使幸福总量最大化时，我们必须把种族主义者在不被允许歧视少数族群时体验到的不幸福考虑在内。当然，我们希望并预期这种不幸福会被其他人在不被歧视时体验到的幸福所抵消，但没法保证总能如此。假如某一社会有足够多的种族主义者，效用主义到头来就可能会准许歧视。这里有个一般性的要点：在效用主义的实施过程中，我们的权利将会是对我们碰巧所处的社会的所谓的"偶然的偏好概貌"(contingent preference profile)敏感的。这又是与正义之为公平的一个对比点，因为正如我们将会看到的，后者会一锤定音地固定某些基本权利，不管在任何特定时刻社会流行的偏好是什么。

重申一下，尽管这些说法看起来似乎是对效用主义的反驳，但在现阶段它们只是一些评述。如果没有令人信服的替代方案，这些评述本身并不足以推翻效用主义的社会正义理论。不过，每一个评述都会在后面的讨论中出现。

罗尔斯用§§7-8来讨论直觉主义。我们在本书引言中已经了解到，在一段时间内，直觉主义是唯一可以替代效用主义的选项。罗尔斯将直觉主义理论的主要特征刻画为以下两点。首先，"它们是由一批第一原则构成的，这些第一原则可能是冲突的，在某些特定类型的情况下给出相互矛盾的指示"(34；修30)。这些第一原则可能包括诚信、仁慈、公道之类的基本守则(precepts)。据认为，我们只要行使我们常识性、直觉性的道德判断力，即可直接把握这些守则。例如，尽管安德烈娅偿还鲍勃借给她的一笔钱会带来一些不便,但我们感觉安德烈娅还是应该偿还,这种感觉就表明诚信是一项基本道德原则。直觉主义理论的第二个主要特征是,"它们不包括任何可对那些原则进行加权的明确方法和优先规则,我们只是靠直觉,靠那种在我们看来最接近正确的东西来达到平衡"(同上)。这里我们可以想象一种情况:安德烈娅无法在不剥夺她儿子的就医权利的前提下偿还鲍勃的钱。她对鲍勃的诚信和她照顾儿子的义务,这两者应该优先考虑哪个?当然,我们在这里也可能有进一步的直觉,但根据直觉主义理论,并不存在对基本道德原则进行排序或加权的一般系统。事实上,直觉主义者经常争论说不存在这样的系统,争论说"道德事实的复杂性抗拒着我们充分阐说我们的判断的努力"(39;修35)。直觉主义的这两个特点都对该理论构成了难题,并部分地解释了它为什么没能取代效用主义而成为道德哲学、政治哲学的主导传统。

37　　我们已经讨论过第二个特征如何产生了罗尔斯所说的"优先性问题"。他强调,在涉及社会正义理论时,优先性问题尤其紧迫。社会正义理论最重要的作用之一是解决有关如何组织社会基本结构的争端。当基本的道德原则发生冲突时,直觉主义会让我们求助于我们对这些原则的相对位次或权重的直觉。但许多政治冲突之所以出现,正是因为人们的直觉在涉及这种位次时分歧极大。例如,大多数美国人都在某种程度上重视平等和自由(liberty),但在哪个更重要或更根本的问题上却有很大分歧。直觉主义在这种情况下不提供指导。效用主义则把所有的社会正义问题化约为一个单一的尺度——幸福总量的最大化,从而轻松解决了优先性问题。正义之为公平将以一种不同的方式解决优先性问题:在承认多个基本原则的同时,它对这些原则的详细说明也包括一套优先规则,用以解决原则之间的冲突。

然而,直觉主义的第一个特征也是一个严重问题,这是我们下一节要进一步讨论的。

研读问题

1. 我们应该对社会中的幸福分配漠不关心吗?如果某些人的不幸福可以使社会幸福总量大增,那么这些人的不幸福要紧吗?

2. 把我们那些不可侵犯的基本权利仅仅视作一种对社会有用的幻象,这种看法有什么不妥之处吗?

3.3 反思平衡与方法(§§4、9)

直觉主义的一个特色是它指示我们运用我们关于道德问题的常识性直觉来发现基本的道德事实。然而,对于这一程序有一种显而易见的异议。我们的直觉又是从哪里来的?如罗尔斯所指出的:"我们日常的正义观不仅受我们自己的处境的影响,也强烈地带有习俗和时下期望的色彩。"所以,我们可以合理地想要知道:"我们要依据什么标准来判断习俗本身的正义性和这些期望的合法性呢?"(35-36;修31)我们怎么知道我们的直觉判断没有被一种狭隘的教养所蒙蔽呢？

这是道德与政治哲学中的一个深刻问题，罗尔斯并未把完整回答它设为《正义论》的主要目标之一。不过，他的确多少提供了某种临时性的回答。他的回答固然只是临时性的，但这不应被视为对他整个工作的异议：每个论证，无论构造得多么完善，都必定是从某个地方开始的，而罗尔斯至少明示这一点。况且，他的临时性回答总体上相当妥当，我们并不清楚还有谁的回答能比这高明很多。相关段落大多见于§4和§9，另有些评论散布在《正义论》第1章其他部分；在此我把这些论述放在一起，以便更好地促进我们对他的整体策略的领会。

正如我们说过的，事涉道德问题、政治问题，人们的直觉往往有分歧，而即使人们都有相似的直觉，我们也无法肯定这不是单纯因为人们有相似的生活环境、生活经历。例如，历史上很多人有过女性不如男性的强烈直觉，但这证明不了基于这种直觉的判断的确当性。那我们怎么能确定我们现在的直觉并非出自某些有着类似缺陷的源头呢？我们能肯定我们的道德直觉是可靠的吗？在某个层面上我们不能。但我们可以尽最大可能努力克服这个问题，而这就是罗尔斯着手在两个不同层面所做的事情。

我们克服不可靠问题的第一个策略是尽可能减小我们对赤裸道德直觉的依赖。效用主义是这种策略的一个清晰例子。这一理论只要求三个赤裸的道德直觉：第一，唯有个人的幸福是归根结底重要的东西；第二，更大的幸福总量，总是比更小的幸福总量要好；第三，每个人的幸福应该平等地计入这一总量。然后，效用主义就不再需要我们碰巧有的其他所有道德直觉了。任何可能的问题，我们原则上都可以客观地确定其正确的回答，无须查看我们的直觉：只须把每个人的幸福一视同仁，然后计算各选项中哪一个会倾向于产生最大的幸福总量。如果在给定事例上，这个计算结果跟我们的道德直觉相冲突（假定计算无误），那就证明那些道德直觉必定为假——或许它们是某种成见或者迷信的残余——因而应该被摒弃。

正义之为公平也努力运用了这第一个策略，但却是以一种截然不同、大为复杂的方式运用的，即借助原初位置这一手法。请回想一下正义之为公平的基本思想：社会的基本结构只要符合理性的人们在无知之幕后的原初位置上会同意的那些原则，就可被视为正义。现在我们可能会问，原初位置上的人们是依据什么来进行挑选的？采用罗尔斯的程序的吸引力，很大程度上就在于这个程序看起来能从无关道德的前提推出道德上的结论。睿智法官的分牛程序的天才之处，恰恰就是它只依靠兄弟俩的理性的自我利益就得出了公平的结果（见第2章）。与此类似，我们可以在原初位置排除道德考虑，转而依赖各方的（那种受无知之幕制约的）理性自利来制造公平的结局。这就有了我们想要的效果，即大幅降低对赤裸道德直觉的依赖。例如，就某一特定社会制度或实践而言，要想确定它是否正义，我们无须查看我们的赤裸道德直觉，而是可以从处在无知之幕后的原初位置的"一个代表人的立场，去探讨偏爱这种而非那种基本结构安排是否理性"。当然，这套程序遵循起来并不总是很简单，但原则上我们由此就"提出了一个有限得多的问题，用一个理性的利害谋虑的判断代替了一个伦理判断"（44；修39）。颇类似于效用主义的是，这样得出的结论可能经常与我们先在的赤裸道德直觉相冲突。这应该促使我们质疑直觉的出处，因为它们可能出自纯粹的成见或习俗。假设我们有一个先在的直觉，即女性次于男性。然而，我们若处在无知之幕后面，不确定自己是男是女，选取性别歧视的原则就会是不理性的。这表明，我们先在的直觉一定是一种无根据的成见。

大概，当罗尔斯在一个备受诟病的段落中说"正义理论是理性选择理论（the theory of rational choice）的一部分"（16；修15）时，他就是按上述思路思考的。他发现自己不得不在后来的著作中收回这一说法，并澄清说，他本应该说理性选择理论是他在正义理论中运用的一种手法（Rawls 2001: 82, n.2）。尽管如此，不可否认的是，他在《正义论》中的方法深深依赖于理性自利的理念。然而，为了不被这一点误导，我们必须注意在特别广泛的意义上理解理性自利。考虑这样一个例子：有两方正在就一项简单的商业交易进行谈判。那么，看起来，他们各自的自利之心会指示他们力求从对方那里索取尽可能多的让步。但是两方也必须考虑到合同最终未被履行的可能性；因此，从弱势方那里索取如此多的让步，以至于弱势方将来几乎肯定会违约，这对强势方没有好处。可以认定，完全理性的谈判者会有这样的考虑。罗尔斯预计，完全理性的人处在无知之幕后的原初位置时，同样会进行更广泛的、长期的考虑：当各方在原初位置上考虑应该选定哪些正义原则时，他们所顾及的东西会超出他们最狭隘、最直接的利益。

那么相关的更广泛考虑是些什么呢？罗尔斯在他著作的最开头一节就讨论了这些考虑。它们大多源自社会正义观理应发挥的各种功能。其中最重要的功能大概是解决有关如何组织社会基本结构的争端。罗尔斯表达这一想法的方式是说社会正义观应该是"公共的"，意思是"每个人都接受，也知道别人接受同样的正义原则"（5；修4）。而如果这个观念不是公共的——要么是因为并非每个人都接受它，要么是因为它的原则以某种方式瞒着大家——那么，我们就很难理解它如何能够充当解决现实政治争端的依据了。罗尔斯下了一个定义：当一个社会的基本结构大致符合某种正义观所规定的原则，并且那种正义观按前述定义来说是公共的，这个社会就是"组织有序的"（well-ordered）（4-5；修4-5）。在原初位置上谋虑利害的谈判各方，无疑会想让自己的社会在此意义上是组织有序的。

虽然公共性也许是从诸种候选正义观中做选择时最重要的考虑，但是罗尔斯也纳入了另外几个考虑，它们同样大多源自社会正义观理应发挥的功能（6；修5-6）。第一，一种社会正义观所规定的基本结构必须真正能在某种程度上成功协调各社会成员的计划和活动。这通常需要树立种种可靠的期望，使普通人可以妥善安排自己的生活。第二，基本结构应能在某种程度上有效率地实现向往中的社会目标。罗尔斯这一点的意思大概是说，如果社会成员向往某种结果，例如强劲的经济增长水平，那么基本结构就应使这一结果可以尽量容易地得到实现——当然前提是结果的实现与社会正义不矛盾。最后，社会正义观所规定的基本结构应在如下意义上是稳定的：一旦它得以建立，运转起来，它就通常会生成支持自身的力量。在这一结构的庇佑下生长的人们，应该会觉得他们想让这一结构继续运转而不是想抗拒它、破坏它。

原初位置程序降低了我们对不可靠的赤裸道德直觉的依赖，对道德反思的流程有很大帮助。但当然，正如罗尔斯所承认的，我们不能把这种依赖完全消除掉："任何正义观无疑都要在某种程度上依赖直觉。"（41；修36）提出如下问题可以让我们很清楚地看到这一点：如果我们想要声称，正确的社会正义原则就是完全理性的人们在原初位置上会同意的那些原则，那么，我们怎能肯定我们对原初位置的刻画是正确的呢？这个问题很重要，因为不同的参数往往会导出不同的结果。比方说，我们若准许程序的参与者知道自己的性别，相比我们不准他们获得这种知识时，他们会同意的社会正义原则就可能不一样。这样一来，我们必须思考公平的谈判条件会是什么样的。与参与者本人在原初位置之中运用的推理不同，我们自己对原初位置的恰当形式的推理必然至少依赖几个道德直觉。这么说来，难道我们终究只能回到直觉主义吗？

罗尔斯在§9提供了他对这个挑战的回应。请回想一下，严重依赖我们的赤裸道德直觉会带来一个困难，那就是我们无法肯定这些直觉的来源可靠：它们可能仅仅是成见或其他偏见的产物。我们回应这种犹疑的第一个策略是尽量减小赤裸道德直觉在我们的理论建构工作中发挥的作用，从而降低我们对它们的依赖程度。原初位置程序力图做到这一点：凡在可能之处，它都把道德判断替换为利害谋虑判断。但这个策略并没有一种无所不包的效力，因为原初位置程序的设计本身必定还要从它的公平性上反映出某些道德判断。罗尔斯在此引入了第二个策略——他称之为"反思平衡"（reflective equilibrium）的方法（48-49；修42-43）。假设我们从一束关于各种话题的道德直觉开始，这些直觉或细致或抽象，层次不一。现在，我们不必像直觉主义者那样止步于此。这些直觉当中，有些直觉往往比其他更强烈，或者更为我们所深信。罗尔斯把这样的直觉称为"深思熟虑的判断"（considered judgments），也就是"我们的道德能力最能够不受扭曲地体现在其中的判断"（47；修42）。假设我们从这类更为深思熟虑的判断中选取几个，然后尝试依此建构一个理论——一个社会正义理论，它能以比较系统的方式解释这些判断。除非我们第一下就完全弄对——这不太可能——否则，我们的临时性理论就会蕴涵各式各样与我们同样拥有的其他道德直觉相冲突的结论。下一步，我们审视其中的一个冲突，然后就如下问题作出判断：如果那个直觉看起来仍然令人信服，那么我们是否应该调整理论？而如果需要进行的调整看起来对整个理论而言代价太大，那么我们是否应该抛弃这个相冲突的直觉？像这样逐一处理我们所有相关的道德直觉后，我们最终得到一个我们满意的理论——一个既内部自洽，又与我们仔细反思后仍决定保留的直觉相融洽的理论。这就是一种反思平衡，即这样一种状态："一个人衡量了所提出的各种正义观之后"，他"或者是修正了他的判断以符合其中的一种正义观，或者是继续坚持他的最初信念（以及相应的观念)"(48；修43)。

在§4，罗尔斯大致演示了反思平衡法如何应用在确定原初位置的合适参数这一问题上（当然，由于这个演示在文本中出现得较早，其背后的方法很大程度上没有言明）。他写到，"在寻求"对原初位置的"最可取描述时"，"我们是从两端进行的"(20；修18)。他这样说的意思是，我们从两组直觉开始。第一组直觉是关于何种决策程序才公平的直觉。其中一个直觉也许是"原初位置上的各方是平等的"，也就是说，他们"在选择原则的过程中都有同等的权利；每个人都能提议并说明接受其提议的理由，等等"(19；修17)。另一个直觉也许是"在选择原则时任何人都不应当因自然机运或社会背景的关系而得益或受损"(18；修16)。因此，如果有钱有权的人可以操纵决策过程，以产生能进一步增强其有利地位的原则，那么这就是不公平的。除了这些直觉，罗尔斯还想象我们有另一束关于社会正义之本性的直觉。我们已经遇见过这类直觉中的一些，如正义比效率重要这一直觉，又如人们必须至少拥有某些不可侵犯的权利这一直觉。本着同样的主旨，罗尔斯在此补充了一个密切相关的直觉，即"宗教不宽容和种族歧视是不正义的"(19；修17)。遵循反思平衡法，我们下一步应该设计出反映我们第一束直觉的原初位置，确定它会得出哪种原则，并注意这些原则与我们的直觉会在哪里产生冲突。假定会有这种冲突，那么我们接下来就必须要么调整原初位置的设计，要么更改我们有关社会正义的直觉，要么两者兼行，直到整个理论达到一种反思平衡。

当然，罗尔斯并没有为我们实际叙述这一过程。相反，我们要想象反思平衡法已经得到运用，而我们在《正义论》中看到的是一份关于其结果的详细报告。因此，他向我们展示的那个理论，理应代表着与我们在仔细反思后决定保留的所有直觉最为融洽的观点。（他在后面的§§47-48中承认，其他一些直觉，我们将不得不予以修正或放弃。）我们当然可以对他的结果提出争议，但那样一来我们就会有一个负担，即表明另一种理论可以更好地解释我们对社会正义的深思熟虑的判断。单单在这个或那个小问题上有异议，或者觉得这个或那个结论很牵强，这是不够的。罗尔斯坦承，"所有的理论"，包括他自己的理论，"大概都有错误。不论何时，真正的问题是已提出的观点中哪一个在整体上最接近真实"（52；修45）。

研读问题

1. 是不是只有公共的社会正义理论才能在社会中发挥其独特功能？如果人们同意一个只有少数人知道并理解的秘传理论，这是不理性的吗？

2. 道德与政治哲学中有可能省去直觉吗？如果不可能，反思平衡法能否成功地解决这个问题？

3.4　正义两原则（§§10-14）

让我们简要总览一下我们截至第1章结尾处的进程。长期以来，主流的社会正义理论是效用主义。根据这一观点，一个正义的社会是一个基本结构被配置成会最大化幸福总量的社会，这一总量平等地计入了每个人的幸福。罗尔斯想提出另一种理论，即他所说的正义之为公平。总体上说，现在有两项主要任务摆在他面前。首先是更详细地解释正义之为公平到底是什么。由于它是一个比效用主义复杂得多的理论，所以这项任务并不容易完成。第二是证明正义之为公平优于效用主义。在罗尔斯看来，这个任务可以归结为证明处在无知之幕后的原初位置的理性的人们将选择正义之为公平而不是效用主义。这两项任务大致分别对应《正义论》第2章、第3章的话题。还是那句话，脑海里留有这幅鸟瞰图景是很有帮助的，这样我们就不会迷失在细节之中。

《正义论》第2章的开头回顾并细述了我们已经遇到的一些要点。在§10，罗尔斯重申了如下看法：社会正义的主题是社会的基本结构，而社会的基本结构是主要的社会制度与实践的配置，这些制度和实践共同构成了人们度过自己一生的背景或框架。罗尔斯指出，每个社会都有一个基本结构，而我们总能够凭空想出某种社会正义理论，使得这个特定的基本结构依这一理论正好是最佳的。这时候我们可以说，单纯的"形式正义"就在于根据所涉及的支持性理论"对法律和制度的不偏不倚的、一致的实施"。依此，我们可以想象，当一个"奴隶社会或种姓社会"的制度按其自身特有的原则得到"均衡一致的实施"时，这个社会在形式意义上是正义的（58-59；修51）。这明显不是我们关心的那种正义。我们应该首先关心实质正义，而不是单纯的形式正义。正义之为公平和效用主义都是实质性理论。

讲完这些开场白之后，罗尔斯切入了讨论的重点。§11-14阐述了构成正义之为公平的两项原则，并详细描述了应该怎样诠释它们。这部分是整部著作里最重要也最难读的一些段落，要求我们非常仔细地去读解。

3.4.1 对两原则的预备性陈述

正义之为公平的表述在两版《正义论》中略有不同，其原因我们稍后会解释。我们先看初版的表述：

> 第一：每一个人都应有平等的权利去享有与他人同样的自由（liberty）兼容的最广泛的基本自由（basic liberty）。
>
> 第二：社会的和经济的不平等要满足两个条件，它们（a）可被合理地预期为对每个人都有利，并且（b）依系于对所有人开放的职位和职务。(60)

请回想一下，这些原则意在指导对那些构成社会基本结构的主要制度和实践的设计。这里我们应该注意的第一点是，效用主义依靠一个原则，而正义之为公平采用两个原则。随之而来的是，如果正义之为公平要规避那困扰着直觉主义的优先性问题，那么就必须以某种方式对这两个原则予以调和。因此，罗尔斯把它们"按照先后次序"安排，"其中第一原则优先于第二原则"（61；修53）。在另一处，罗尔斯把这个次序描述为"词典式的"（lexical）（42；修37）。要熟悉词典式次序的概念，可以想想按字母顺序排列单词的方法：我们先按首字母分列单词，然后对首字母为A的单词，我们再按其第二位字母分列，依次进行下去。在这里的上下文中，两原则的先后次序或词典式次序意味着我们必须总是先满足第一原则，再进到第二原则。我们用表3.1来举例说明这一点。

表 3.1

公民	备选的基本结构		
	Ⅰ	Ⅱ	Ⅲ
A 组	10，10	9，25	10，15
B 组	10，10	11，50	10，20

请想象每一格左边的数字代表基本自由权的单位数，右边跟着的数字代表其他社会与经济益品的单位数。在基本结构Ⅰ之下，我们看到，所有公民的权利相等，益品份额也相等。基本结构Ⅱ会大大增加两组人各自的益品份额，但同时也会稍稍减少A组成员享有的基本自由权。虽然从第二原则来看，这个备选方案得分更高，但是它会被第一原则否决，所以，根据正义之为公平，这个方案是不可接受的。正义之为公平的这个特征意在捕捉我们的一个直觉：个体应该拥有一些不可侵犯的基本权利，哪怕是整个社会的物质效益也不能凌驾于这些权利之上。与基本结构Ⅱ不同，基本结构Ⅲ保留了平等的基本自由权；于是在决定要从Ⅰ与Ⅲ中选取哪个

3 文本阅读

时，我们就进到第二原则。现在，Ⅲ中的益品份额并不平等，但是每个人的份额都大于Ⅰ中的份额，也就是说，这种不平等对每个人都有利。因而，从第二原则来看，Ⅲ比Ⅰ好。

罗尔斯提示说，可以认为正义两原则是一种更为一般的正义观的特殊情况或应用，而那种一般观念是：

> 所有社会价值——自由和机会、收入和财富、自尊的基础——都要平等地分配，除非对其中一种价值或所有价值的一种不平等分配对每个人都有利。(62；修54)

这里的想法是，在事关我们所有人都珍视的重要东西时，默认的分配方式应该是平等主义的。这或许反映着如下理念：如果某人要比别人拥有更多，这种不平等就应当以某种方式得到辩护。假设让某些人比别人拥有更多可以鼓励所有人更努力，从而可以改善每个人的前景：这种情况下，上述一般观念会准许这种不平等。正义之为公平的两个原则出自一个事实：(至少在我们这样的社会里) 偏离平等的基本自由权的做法最终绝不会使所有人获利，而偏离平等分配其他社会与经济益品的做法则在某些情况下可能使所有人获利，我们之后会看到这一点。由于《正义论》的主要部分谈的都是正义之为公平那种更为详确的两原则观念，因此我们几乎可以把一般观念置于一旁。

在阐释正义之为公平时，我们遇到的多数复杂之处都跟第二原则有关，我们会在下文进一步讨论这一点。但在此之前，还需要对第一原则做些评论。在1971年《正义论》初版面世后，罗尔斯对第一原则的措辞做过几次更改。在修订版中他说："每一个人都应有平等的权利去享有最广泛的、与他人也同样拥有的一整套自由权（scheme of liberties）兼容的一整套平等的基本自由权（scheme of equal basic liberties）"（修53，强调为笔者所加）。罗尔斯在修订版序言中解释到，这次修订源起法哲学家 H. L. A. 哈特以及其他人提出的一些批评。其根本难点在于，初版的表述似乎暗示存在某种叫作"基本自由（basic liberty）"的通类益品，而它的平等分配应被最大化。这不是罗尔斯想要主张的。相反，他用"基本自由"这个词只是想指向一批为人熟知的特定权利，这些权利可由类似下面这样的一张清单列出：

> 政治上的自由（选举和担任公职的权利）与言论和集会自由；良心自由和思想自由；个人的自由，连同拥有（个人）财产的权利；以及依照法治的概念不被任意逮捕和没收财产的自由。（61；修53，此版略有改动）

如哈特所指出，这种种具体的权利是否可以被化约为一种叫作"基本自由"的通类益品，这一点并不清楚（Hart 1973: 233-239）。例如，我们怎么比较言论自由权利的基本自由单位数和免遭任意逮捕之权利的基本自由单位数？罗尔斯同意这一点，他之所以在修订版用"整套平等的基本自由权"代替初版的"基本自由"，就是为了消除这种混淆。如此设想的整套平等的基本自由权是一张一览表，表上列出一项项具体权利，它们组合成相互融贯的一束权利，可以平等地授予所有公民。

然而事情没有就此平息。修订后的表述也仍然暗示，整套的基本自由权是可以在量的层面被测算、因而可以比较其大小的成束权利。而这会带来两重困难。第一，如果没有可以用来比较个别权利的单一尺度，又如何能有可以用来比较成束权利的单一尺度？这样一来，对初版表述的异议不就同样适用于修订版的表述吗？第二，就算我们假设能够按相对大小或广泛性来比较整套的基本自由权，那么选取"最广泛的一整套"这一指令似乎会完全排除对某种第二原则的需要。在考虑任何两个基本结构时，但凡两者有所不同，这些不同大概总会反映在两套基本自由权之间的某种微小差别上。既然第一原则相对于第二原则具有词典式的优先性，这就指示我们选取更广泛的那套基本自由权，一切由此落定。我们自始至终谈不到正义的第二原则。

此后，为了消除这些困难，罗尔斯又一次修订了第一原则，把它改为"每一个人都有权利去享有充分足够的（fully adequate）、与所有人也同样拥有的一整套自由权兼容的一整套平等的基本自由权"（Rawls 1993: 291，强调为笔者所加）。这会是他对第一原则的终定版表述。上文给出的那份熟悉的基本自由权清单可以被视为对"充分足够的"一套会是什么样子的提示。一旦我们给每个公民提供了这样列举出来的权利，第一原则就已经满足，我们就可以进到第二原则。当然，这个解法引发了它自己的一些问题。这份特定的基本权利清单应从哪里来？为什么偏偏是这些权利被算作充分足够，而不是另一些权利？等等。罗尔斯的后期著作（特别是《政治自由主义》）尝试处理这些疑问，但我们在此不必关心。为读懂《正义论》起见，最容易的做法是接受所开列的清单，把它看作是相当妥当的，由此继续前进。

3.4.2 对第二原则的诸种诠释

正义之为公平的第二原则有两个条款，每一条款对于基本结构准许的任何社会和经济方面的不平等各提了一个要求：这些不平等应该"对每个人都有利"，并且"依系于对所有人开放的职位和职务"（60；修53）。然而这两个说法都很含混，因而人们对第二原则可以作出多种言之成理的诠释。哪种诠释是最好的？罗尔斯把相当多的精力花在了论述这个问题上，尤其是在§§12–14中。罗尔斯总共详细考察了三种诠释，每种诠释对两个条款的具体展开都有细微的不同之处，表3.2展示了罗尔斯讨论它们的顺序。[3] 有的读者认为，对这些备选项的讨论和§17的一些评说一并提示了对正义之为公平的一条独立的论证路线，补充了《正义论》后面第3章呈现的（从原初位置出发的）主论证。然而罗尔斯很清楚这不是实情：他说，这几节的"所有评论"都不构成对正义之为公平的论证，"在契约理论中，所有的论证严格说来都要从何为原初位置上的理性选择这一角度做出"（75；修65）。

---

[3] 请注意，还有第四种可能性（差别原则与形式的机会平等的组合），这种可能性被命名为"自然贵族制"（Natural Aristocracy）诠释，但罗尔斯未予详细讨论（74-75；修64-65）。

3 文本阅读

表 3.2

第二原则的诠释	对两条款的读解	
	"对每个人都有利"	"对所有人开放的职位和职务"
自然自由的体制	效率原则	形式的机会平等
自由主义的平等	效率原则	公平的机会平等
民主的平等	差别原则	公平的机会平等

但与此同时，请回想一下（我们在第 3.3 节对反思平衡的讨论），我们需要以某种方式确保我们已经正确地设计了原初位置程序本身，也就是说，需要确保我们对公平程序的直感本身是可靠的。例如，请想象我们一开始设计的原初位置产生的结果与我们对社会正义的直感明显不一致：若真如此，我们可能会怀疑我们对程序的初始刻画是否得当。我们必须参照原初位置的相应结果对其具体设计进行交叉检查，反之亦然，直到经过反复的修正和校准，最终达到反思平衡。因此罗尔斯以如下方式"铺平道路"十分重要：他表明他对第二原则的首选诠释——人们最终会在原初位置上选择的那种诠释——"不会使读者觉得太古怪或太反常"（75；修订版 65 页，其中的用词是"太极端"）。这种铺垫远未构成一条独立的论证路线，而是整体考虑之下的原初位置论证的一个有机组成部分。

罗尔斯从他所想象的对第二原则最显而易见（至少——或尤其——对美国读者而言）的诠释开始。参照表 3.2，我们说，当不平等满足"效率原则"（principle of efficiency）时，这些不平等就对每个人都有利，而当不存在基于种族、宗教、性别等因素的歧视时——存在传统上说的"职位向人才开放"(careers open to talents)或形式的机会平等(formal equality of opportunity)时——职位和职务就是对所有人开放的。两者合起来描述了罗尔斯所称的对第二原则的"自然自由的体制"(system of natural liberty)的诠释(66；修56)。罗尔斯认定，形式的机会平等对于他的读者而言是相当清楚的，但他给出了一段很长的题外话，专门解释效率原则。虽然这段题外话对于熟悉当代经济学中的帕累托效率(Pareto efficiency)的人来说可能没有必要，但为了一般读者的便利，我们可以对这个概念做如下的简释。

若不使另一个人或另一些人的状况变差，任何一人的状况都无法变好——此时实现的益品分配，经济学家一般会把它定义为有效率的(efficient)。假设安德烈娅和鲍勃每人拿到十个苹果、十个橙子。碰巧安德烈娅喜欢苹果远胜过橙子，而鲍勃同等地喜欢这两种水果。现在，请想象安德烈娅提议用她的五个橙子换鲍勃的四个苹果。因为她更喜欢苹果，所以即使是九个水果而不是原来的十个，只要其中苹果较多，她也会更喜欢这九个。而鲍勃对两种水果的喜爱程度相同，所以对他来说，十一个水果比十个好。因此，这个交易使他们两个人的状况都变好了，而没有使谁的状况变差。因此，最初的分配不能被描述为有效率的——在经济学家使用这个词的意义上。但是，假设允许人们完全自由地相互交易，随便怎么交易都行。假定人们总是会同意能改善自己状况的交易，而不会同意恶化自己状况的交易，那么我们很容易就能看到，一旦所有的交易完成，我们将得到一个完全有效率的结局。[4] 安德烈娅和鲍勃将会继续交易水果，直到互利的交易不再可能。当然，我们不一定预期这个结果是一种平等的分配：这完全取决于交易如何进行，以及每个人给市场带来了什么样的初始资产或禀赋。但是，只要某种不平等可被合理地预期为是对每个人都有利的，正义的第二原则就允许这种不平等，而按照自然自由的体制的诠释，我们要把上述理解下的有效率分配视为满足这一条件。

但在一个自然自由的体制里，人们会把什么样的初始资产或禀赋带到市场上来呢？在这里，第二原则的另一个条款也许有话要说。要求职位和职务在形式的机会平等的条件下向所有人开放，这排除了任何基于种族、宗教、性别等因素的歧视。假定这样的障碍已经移除，我们就可以说，自然自由的体制的参与者最初是带着两种资产或禀赋进入市场的，那就是他们天然的才华和能力，连同一切作为非劳动所得的赠品而碰巧被授予他们的益品和服务（这里我们特别想到的是继承而来的财富，以及一个人的家庭所提供的教育和关怀）。这两者分别可以被称为参与者的初始天然资产和初始社会禀赋。现在，这一点应该很清楚了：罗尔斯所说的"自然自由的体制"，实际上就是指一个为人熟知的自由至上主义理想——完全自由的市场经济。由于这对很多人，尤其是很多美国人来说几乎充当了一种缺省的理想状态，因此罗尔斯把这作为他推究第二原则最佳诠释的起始点或许是可以理解的。可是这种诠释却是他接下来要予以拒斥的。为什么？

---

[4] 也就是说，假定不存在交易成本。不过，在交易成本足够低的前提下，这里的一般论点或多或少是成立的。

很多人都有这样的直觉：让人们为他们的选择负责是公平的。因此，如果安德烈娅努力工作，而鲍勃懒惰，那么在其他条件相同的情况下，只有安德烈娅得到比鲍勃更多的回报才是公平的。自由市场一部分的吸引力就在于它们往往保证了努力越多回报就越多——毕竟这样才算公平。然而我们惯用的公平概念还有另一面，那就是人们不该为自己控制不了的东西负责。稍微思考一下，我们就应该会意识到，市场结果并不总能在这个意义上被描述为是公平的。即使在完全自由的市场体制下，我们的总体生活状况也只能部分地归于我们自己的努力，另一部分则归于我们进入市场时的起点。我们的起点又是累积的历史偶然因素的产物，而这种因素超出了我们个人的控制能力。假设安德烈娅和鲍勃在一个完全自由的市场体制里工作，二人同等努力。那他们会取得同等水平的成功吗？不一定。如果安德烈娅的父母比鲍勃的父母工作更努力，因此能给安德烈娅提供更好的教育，那么也许安德烈娅一出发就领先了。而安德烈娅的父母做得有多好，又可能受过他们所遭受的不正义的歧视影响，如果没有这种歧视，他们做得也许会比现在还要好；或者，安德烈娅的父母做得有多好，也可能受他们的父母很懒且从未发展过自己的才华这一点所影响；诸如此类的因素，我们愿意追多远就可以追多远。因此，罗尔斯指出：

> 任何一段时间里资产的最初分配［……］都是天然资产（natural assets，亦即天然的才华和能力）的先前分配累积的结果，这些才华和能力或得到发展，或不能

实现，它们的运用受到社会环境以及好运和厄运这类偶然因素的或有利或不利的影响。我们可以凭直觉感受到，自然自由的体制最明显的不正义之处，就是它允许分配的份额受到这些**在道德观点看来如此任意的**因素的不恰当影响。(72；修62-63，强调为笔者所加)

他在这里想说的是，让人们为他们有什么样的先辈，先辈们是什么样的人、面临什么处境负责，这说不过去。说这些历史偶然因素"在道德观点看来是任意的"，其含义是简单而直接的：那些偶然因素在此时此地产生的任何效益和负担，我们都既不能说它们是人们应得的，也不能说是人们不应得的。比方说我们的祖父母在一场洪水或者飓风后变得一无所有，这一事实或许会对我们今天的生活状况有某种影响，但这份影响明显处在我们个人的道德责任的范围外。

这个想法提示了一种稍有不同的对第二原则的诠释，罗尔斯称之为"自由主义的平等"(liberal equality)的诠释(见表3.2)。假设我们保留效率原则，但是去掉形式的机会平等，把它换成一个"公平的机会平等"原则。这里的想法是，在保护个体不受径直的歧视之外，我们还要引入一个普遍的公立教育系统，它"意在拉平阶级壁垒"，从而"减少社会偶然因素和自然机运的影响"，而这种影响在自然自由的体制里并未得到处理(73；修63)。这样，人们就带着大致相似的初始社会禀赋进入市场，此后，一个在其他方面完全自由的市场就可以接管了。在这个体系里，你的生活状况仍然部分地取决于你自己的个人努力，但其才华和积极性大致均等的个体，无论其家庭背景如何，都会有大致相似的生活机会。

虽然这第二种诠释看上去有一些可取之处，但是罗尔斯还是发现了两个严重的困难。一个困难是，但凡"在家庭制存在的情况下"（74；修64，此版略有改动），阶级壁垒大概就不可能完全拉平。这是因为家长还能以很多不那么有形的方式对孩子的前景施加或好或坏的影响——比如说，家长给孩子提供或多或少有助于成长的居家环境。让孩子自己为这些影响负责，当然是说不过去的。不过，罗尔斯在整部《正义论》中一直坚称，为达到完全公平的机会平等而废除家庭这一社会制度，这种做法代价太大，尽管他从未确切说明为何如此。（不过罗尔斯在后期著作中提出，只要我们没有切合实际的备选的社会再生产手段，废除家庭就不可行；并且，废除家庭在某种程度上冲撞了正义之为公平的第一原则，因为第一原则所保证的权利当中包含私人联合的权利：参见 Rawls 1997: 595–601。）如此一来，我们就只好接受一种不完全公平的机会平等，并寻别的方法来减少由此遗留下来的不公平。

第二种诠释的另一个困难是，即使自由主义的平等这一方案依照它自己的标准拉平了我们的初始社会禀赋，但完全自由的市场所形成的社会与经济益品的分配，在一些重要的方面，也仍然无法被视为是公平的。先辈传递给我们的效益和负担只是我们带到市场上的初始资产与禀赋的一个方面。另一个方面，上文已经提到过，是我们天然的才华和能力。类似社会禀赋，最初的"能力和才华的分配"产生于某种从个体观点看来可以说是"自然博彩"（natural lottery）的东西，而这种东西"在道德观点看来是任意的"(74；修64)。当然，才华和能力可能会得到培养也可能不会，这一点是我们每个人为之负责的。[5] 如果安德烈娅和鲍勃天生的音乐才华差不多，安德烈娅培养了这个才华而鲍勃没有，那么只有安德烈娅因自己的才华取得了更多回报才算公平。这不是罗尔斯这里所谈的问题；我们可以假定我们培养自身才华和能力的努力（借助高等教育、职业培训等手段）发生在市场系统内部，由此所致的社会与经济益品的分配会如实反映这种培养的努力。相关的问题不如说在于我们初始的天然资产——我们的一切纯属生来就有的、天生的才华和能力。如果安德烈娅有一种天生的音乐才华而鲍勃没有，那么这就不是可以言之成理地让鲍勃为之负责的事情。我们的初始天然资产既不是我们应得的，也不是我们不应得的：它单纯地是其所是。唯一的问题是，对这一事实应该做些什么，假如终究要做点什么的话？

3.4.3　差别原则

现在，罗尔斯在这里依循的理路看来必定要直奔某种极端平等主义了。否则，我们如何能够不仅纠正不同的家庭史，还纠正大自然的才华博彩中的好运或厄运？考虑到维护家庭制的承诺，仅靠公平的机会平等原则似乎无法完成这个任务，

---

[5] 或者说，无论如何是我们每个人可以负责的，只要我们培养自身才华和能力的性向（disposition）并非又部分地取决于"幸运的家庭和早期生活的环境"（104；修89），但罗尔斯又明显认为那种性向的确部分地取决于此。不过，我们将要看到，论证的主要路线并不依赖于这个有争议的主张。

或许我们唯一的选择是在某种程度上使结果均等。但事情并未照此发生。相反，罗尔斯提出了另一条路线。

想象一个社会，其中有两个主要群体或者说阶级。第一个阶级大得多，叫作"工人阶级"，它的成员没有什么超出常规的独特才华与能力，而第二个阶级比较小，叫作"企业家阶级"，它的每个成员都有某种尤为独特的才华或能力。那么如我们所见，罗尔斯认为，没有人应该对自己生来碰巧就有的天赋负责——这只是大自然的一个天然事实（brute fact）。但是，如果我们认为企业家阶级成员的独特才华与能力终究不是他们应得的，并据此把社会与经济益品平等地分配给每个人，那么随之而来的一点就会是，我们不能指望企业家阶级的成员投入大量时间精力来培养那些独特的才华和能力，因为这种投入无法给他们带去额外的回报。[6]这对每个人，甚至对工人阶级，都很可能是更糟糕的。假设我们与此相反，允许经济体制奖励更大的才华：换句话说，我们允许好的音乐家比差的音乐家挣得多，允许好的软件设计师比差的软件设计师挣得多，等等。这会导致社会与经济益品分配上的不平等，但罗尔斯指出，也许

> 企业家可以拥有的较高期望能鼓励他们做提升劳动者阶级长远前景的事情。他们的较好前景将作为激励起作用，这种激励会使经济过程更有效率，使创新加速进行，等等。最终，所产生的物质效益会在整个系统扩散

---

[6] 更准确地说，无法给人带来可能从才华的培养中得到的内在愉悦之外的回报。然而我们没有理由认为，这种内在愉悦会产生社会层面上最优的激励计划。

开，直至扩散到最不利者。（78；修68，修订版删除了最后一句）

有一点经济学基本知识的人应该会觉得这个故事很熟悉。罗尔斯谨慎地说，他"不考虑这些情况在多大程度上是真实的"（同上），也就是说，确定激励机制在多大程度上真的以这种方式运作是经济学专家的工作。但他非常言之有理地假定，这个故事至少在某种程度上是真实的。由此可以推出，完全的平等并不总是对每个人有利，而且实际上，允许一定程度的不平等或许真的会让每个人的状况更好，因为这样就有可能激励人们发挥自己生来碰巧就有的一切天然的才华和能力。可以认为，当我们尽可能利用了可为社会所用的全部才华时，每个人都会受益。

我们该允许这种推理走多远呢？我们该允许这些不平等大到什么程度呢？罗尔斯用他所说的"差别原则"回答了这个问题，根据该原则，"处于较有利地位的人的更高期望，当且仅当它们作为一个对社会中最不利成员的期望予以改善的计划的一部分发挥作用时，它们才是正义的"（75；修65）。差别原则取代了效率原则，成为正义之为公平的第二原则中"对每个人都有利"这一条款的解释。把差别原则跟公平的机会平等组合在一起，我们就得到了罗尔斯所说的对正义第二原则的"民主的平等"（democratic equality）的诠释（见表3.2）。最后是它成了罗尔斯赞成的诠释，相应地，他花了相当多的精力解释差别原则，而这也是我们接下来要做的。

首先，我们需要注意，"最不利者"不是指最不利的个体，而是指作为整体的那个最不利的群体。罗尔斯稍后澄清了这一点，他提示说，我们可以粗略地把最不利者刻画为在任何给定时刻生活在美国的所谓贫困线以下的平均人或代表人，而贫困线就是收入与财富的中位数的一半（可以把收入与财富当作一个替代指标，用它来粗略衡量所有相关的社会与经济益品的分配）(97-98；修83-84)。不过，第二点初步的澄清被罗尔斯忽略了，这使一些早期读者感到困惑。这一点就是：最不利群体应被理解为一个相对指示词，而非固定指示词。在上文所举的例子里，我们可能会以为"最不利"群体必定特指工人阶级。请在心里想着这一点，同时想象表3.3的数字代表三种基本结构之下的两个阶级成员的社会与经济益品的期望份额。

表 3.3

	备选的基本结构		
	I	II	III
工人阶级	10	15	18
企业家	10	25	14

哪一个基本结构满足差别原则？正确答案是第二个，而不是第三个。这是因为"最不利"群体并没有被专门地定义为工人阶级——他们的前景在III之下是最好的——也没有被定义为其他的特定群体。相反，"最不利"一词指的是相对于特定的基本结构而言最不利的群体。依此，在III中，企业

家是最不利群体，而在Ⅱ中，工人阶级才是最不利群体。差别原则偏爱基本结构Ⅱ甚于Ⅲ（也甚于Ⅰ），这是因为，相对于基本结构Ⅱ而言的最不利者，其状况比相对于另两个结构而言的最不利者要好。罗尔斯在他后来的著作中消除了这个含混之处（Rawls 2001: 69-70）。

处理完这些较为简单的澄清之后，我们可以讨论罗尔斯在§13对差别原则提供的详细且令很多读者感到迷惑的技术性说明了（76-78；修65-67）。这些说明围绕着一系列图形展开，自由发挥一下，这些图形看起来大体类似图3.4和图3.5。那么我们该怎么理解这些图形呢？

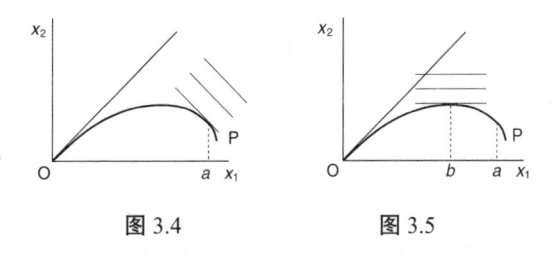

图 3.4

图 3.5

大体的想法如下。假设 x_1 代表较有利群体的期望收入，x_2 代表较不利群体的期望收入。在这些图形的原点处，假定每个群体都有同样的（非零）收入（这或许代表某种完全社会主义的经济体制）。现在，假设我们引入一些市场式的经济改革措施。我们预期会发生什么？经济学基础知识告诉我们，总财富会增加，但这个增量会以不完全平等的方式分配——具体来说，较有利群体会获得较大的份额。在图3.4上，这一点表现为沿着OP曲线右移。OP曲线代表所有可行的经济体制，如我们所见，它低于那条从原点出发的45°线，这条线代表两个群体之间平等的分配。引入的市场化改革越多，我们在 OP 曲线上的位置就靠右：产生的财富总量变大了，但是财富最终落入较有利群体之手的比例也变大了。财富总量在哪个点最大？在 a 点，因为这里 OP 曲线达到了有可能达到的最右上之处。（较有利群体自己的状况还可以比这更好，但是过了 a 点之后，他们的边际增益会被较不利群体的更大损失所冲抵。）我们可以把 a 点想象为代表效率原则推荐的完全自由的市场经济。若个体的幸福完全是一个与财富线性相关的函数，则这也是效用主义会认可的体制。但是差别原则并不指示我们把生产力最大化，而是指示我们把最不利群体的前景最大化。从图 3.5 中我们看到，这发生在 OP 曲线上的 b 点，这个点或许代表着以市场为基础的经济体制与一些社会福利计划的结合。虽然这样的混合经济的生产力总体上低于完全自由的市场经济，但若不降低较不利者的前景，生产力是无法进一步增加的。在做了一些限定说明的前提下，我们可以认为，这大致就是罗尔斯意在认可的体制（他在《正义论》后面的第 5 章讨论了细节）。

有些读者也许会萌生进一步的疑问。例如，假设我们能改善较有利群体的前景，同时又不使较不利群体的前景恶化。在图 3.4 中，这等同于从 b 点往右的那部分 OP 曲线中存在一个水平段。这种情况下，差别原则会让我们怎么做呢？我们可能会认为，只要复杂的现代经济系统像罗尔斯说的那样是"紧密啮合的"（close-knit）（80；修 70），就不大可能出现这种情况：一些人的前景的改变几乎总会对其他所有人的前景产生某种影响。但如果这个条件不成立，罗尔斯就解释说，差别原则会让我们按上升的顺序使社会中每个群体的前景最大化。也就是说，我们首先最大化最不利群体的前景；接下来，我们最大化次不利群体的前景（只要这与不降低最不利群体的前景相一致）；依此类推，逐级上升，最终到达最有利群体。然而鉴于紧密啮合性看起来是可信的，罗尔斯一般认定对差别原则的较简单陈述就足够了。

我们还可能遇到另一个问题：差别原则通常只把我们的注意力导向最不利群体，这样说来，这个原则是否言之有理地表达了第二原则中"对每个人都有利"这个条款呢？罗尔斯主张它确实是一种言之有理的表达，前提是总体上存在所谓的"链式联系"（chain connection）（80；修70）。当最不利者前景的改善（至少到图 3.4 的 b 点为止）一般也伴随其他阶级的改善时，链式联系就存在。请注意，我们不是要最大化其他这些阶级的前景：若以降低最不利者的前景为代价，其他这些阶级当然有可能把自己的状况搞得再好一些，这种可能性甚至不小。不过，其他阶级的前景，相较于完全平等的社会主义经济体制这一基准来说，还是得到了改善。在链式联系存在的前提下，我们可以言之有理地把满足差别原则的社会与经济益品分配描述为"对每个人都有利"。

3.4.4 民主的平等与程序正义

在对差别原则的含义做出以上澄清之后，罗尔斯退回来思考了这个问题：对正义之为公平第二原则的"民主的平等"诠释有两个部分，那么这两个部分是怎样结合在一起的？为说清这一点,他在§14对"程序正义"给出了一段重要却常被误解的探讨。[7]

罗尔斯区分了三种不同的程序正义(85-86;修74-75)。第一种他称之为"完善的"(perfect)程序正义。当我们既有一个独立的标准来判断何为公平的结局或结果,又有一种方法或程序可以不出错地导向这一结果,这时候就出现了完善的程序正义。罗尔斯举的例子是让分蛋糕的人拿最后一块:这个程序能够可靠地分出平等的小块蛋糕,而这一结果正是我们会对公平切分蛋糕产生的设想。现在请比较这一程序与刑事审判。就后者而言,我们仍然有一个关于何为公平结局的独立标准——无罪者获释,有罪者受罚。刑事审判系统旨在实现这个结果,但它明显无法次次都实现:因而这是"不完善的"(imperfect)程序正义的一个例子。显然,如罗尔斯所指出,完善的程序正义是少见的,不完善的程序正义才是常态。而完善与不完善的程序正义有一个共同点:在这两种情况中,我们都有一个用来评估结局的独立标准,而程序则无非是用来实现这一结局的一个或多或少可靠的方法。在另一些情境中,我们没有这样的标准。请考虑一个扑克牌游戏。一场牌局过后,参与者手上的筹码几乎一定会与开局时截然不同,但是我们没有一个据以判断终局的份额是否正确的独立标准——比如,我们没法说终局时安德烈娅的筹码应该比鲍勃多。相反,(当然是在规则得到遵从、没人作弊的前提下)无论最终的筹码分配结果碰巧是怎样的,结局都是公平的。

---

[7] 该节的讨论也可与§§ 47–48 的讨论相对照,后者进一步澄清和支持了以下的论述。

这就是罗尔斯所说的"纯粹的"程序正义。在纯粹的程序正义的情况下，程序不是实现某个公平结局的一种（或多或少可靠的）方法；相反，程序得到遵循这一点本身就是那使得结局公平的东西。

现在，我们以这些区分为参照，来考量各种对正义之为公平的第二原则的诠释。在对自然自由的体制和自由主义的平等这两种诠释稍加思考后，我们就能看出，这两者都在相当大的程度上依赖纯粹的程序正义。两者都没有提出独立的标准来评估安德烈娅与鲍勃两个人的社会与经济益品份额应有怎样的比例关系。相反，两者都假定，某些特定的规则——比如说财产和契约的规则——一道定义了一个市场体制；两者还假定，不论安德烈娅和鲍勃凭借在这个体制当中的参与而获得何种份额，他们都有资格持有这种份额。作为对照，假设我们有"按需分配"这样的分配原则。那么依照这个原则，我们会有一个独立的标准来评估每个人应该持有多大的社会与经济益品份额。如果安德烈娅的需要少于鲍勃，那么安德烈娅的益品份额也应该少于鲍勃。这为我们提供了一个模式（pattern），我们可以据此评估实际的分配。万一安德烈娅最后拥有的益品多于鲍勃，我们就会知道这是不对的：她的一些益品应该被重新分给鲍勃。罗伯特·诺齐克（Robert Nozick）是与罗尔斯同时代的另一位哈佛大学的哲学家，他把这样运作的分配原则叫作"模式化的"（patterned）原则（Nozick 1974: 156）。如果你有一个模式化的分配原则，那么你无疑会需要某种方法或程序来产生所需的模式：罗尔斯则依据这个方法维持所需的模式的可靠性，把该方法描述为一个完善或不完善的程序正义的例子。

不光是诺齐克,多年来有不少罗尔斯的读者也认为,当罗尔斯从自然自由和自由主义的平等这两种诠释走向民主的平等的诠释时,他是摒弃了纯粹的程序正义,而采纳了模式化的分配原则。毕竟,差别原则告诉我们,最不利群体应该有尽可能大的经济与社会益品份额,而这似乎给了我们一个评估实际分配的独立标准。模式化的分配原则的困难在于,除非你打算不断干涉人们的基本自由,否则就不可能维持一个模式(不论你偏好哪种模式,情况都是这样)。假设你根据你偏好的模式——不论是什么模式——把安德烈娅和鲍勃之间的分配调整得刚刚好。过了一阵,他们两人也许又自愿同意交换他们的一些益品。于是就像诺齐克指出的那样,"要维持一个模式,你必须要么持续干涉,阻止人们按自己的意愿转移资源",要么定期地"从某些人那里拿走资源——这些资源是另一些人出于某种理由而选择转移给他们的",以求通过强迫性的再分配来恢复那种模式(Nozick 1974: 163)。而这两种操作看起来都侵犯了我们的一些基本自由权。

我们不妨承认有这种困难。那么问题就在于,对正义之为公平的第二原则的"民主的平等"诠释是不是真的采纳了一种模式化的分配路径。在这个问题上,诺齐克等人似乎误解了《正义论》§14。在那一节里,罗尔斯已经绝对清晰地说明了,即使依民主的平等这一诠释,正义之为公平的第二原则也恰恰意在"保证合作体系是一个纯粹程序正义的体系"(87;修76)。这怎么可能?这里的困惑之处是,你以为差别原则是要直接应用在社会与经济益品的分配之上的。但其实不是这样。罗尔斯多次强调，正义原则意在应用于社会的基本结构，也就是说，意在应用于社会的主要制度和实践的设计。还是用扑克牌游戏的比喻来说，我们不是要用差别原则评估扑克牌游戏的结局，而是评估其规则。扑克牌游戏的结局是否公平，至关重要地取决于其规则是否公平：如果规则的设计对某些玩家比对另一些玩家更有利，那么我们就会说其胜负是预先安排的，其结果是不公平的。为了达到纯粹的程序正义，我们必须以公平的规则或程序开始。

类似地，社会的基本结构构成了规制"人生游戏"的规则或程序。由此可以推出，只有当人们在从事各种活动时需要遵循的规则和程序是公平的，人们在现实生活中最终得到的益品份额才能说是公平的。罗尔斯说："只有在一种正义的社会基本结构的背景下——这个背景包括一部正义的政治宪法和一种正义的经济与社会制度安排——我们才能说必要的正义程序是存在的。"（87；修76）为了说明问题，我们可以考虑经济体制的两个候选的规则体系。第一个体系是一套定义纯自由市场经济的规则；第二个体系除了多出一个税收中性的负所得税（按比例对超过某个门槛的收入征税，并在扣除行政成本后，按比例对门槛以下的收入发放同等价值的税收抵免），其他方面与第一个体系相同。相比第一套规则，第二套规则并没有额外规定对特定人进行社会与经济益品的特定分配——比如它并没有说安德烈娅所拥有的与鲍勃所拥有的之间应该是某个比值，等等。不论是这两种情况中的哪一种，人们最终拥有多少东西都完全取决于他们的选择，取决于他们决定要过什么样的生活。那么，哪一套规则更好？

这才是需要讨论的问题。

据罗尔斯认为，差别原则旨在告诉我们什么是最好的规则，即什么是基本结构的最佳配置。它让我们去比较基本结构的一种与另一种配置下最不利者（无论他们是谁）的可能前景，并据此做出选择。一旦背景规则建立起来，假设人们将按照自己的计划过自己的生活，这时我们就可以说，他们最终得到何种益品份额，他们就因此有资格拥有何种益品份额。这是纯粹的程序正义。"纯粹程序正义的巨大实践优点，"罗尔斯肯定地说，"就是我们不再有必要［……］追踪无穷多样的各种境况和特定个人之间不断改变着的相对地位"（87；修76，此版略有改动）。因此，只要规则得到遵循，我们就并不需要知道安德烈娅与鲍勃相比有何种极特殊的、境况性的需要。这使事情变得更加容易，而且与诺齐克的观点相反，这并不要求不断干预基本自由权。

现在让我们审视一下，在对正义之为公平做出这段详尽阐发之后，我们目前处在什么位置上。在§13的结尾，罗尔斯重申了正义第二原则，这次他使用了对第二原则的"民主的平等"这一优选诠释（83；修72）。结合他后来对第一原则的表述（如前所述，此表述见于后期著作），我们有如下观点：

正义之为公平要求：

第一，每一个人都有权利去享有充分足够的、与所有人也同样拥有的一整套自由权兼容的一整套平等的基本自由权。

第二，社会和经济的不平等要满足两个条件：它们（a）符合最不利者的最大利益，并且（b）依系于在机会平等的条件下对所有人开放的职务和职位。

我们后面会看到，这并不是他对正义之为公平的完整表述。例如，一个尚未解决的问题是第二原则中两个条款的排序问题：在这个时候，罗尔斯只指出了它们也将具有词典式的排序（89；修77），而没有确切说清怎样排序。但这是正义之为公平的暂用版本，它将引导我们完成《正义论》下一章的主要论证，而且它足够接近，可以满足大多数目的。

最后，也许值得重申一下上文提到的一点。在这艰深的几节里（§§12—14），罗尔斯的目的不是为第二原则的民主的平等诠释提出论证，因为这种论证（在他看来）必然要经由原初位置提出。相反，他的目的是表明，经过适当的思考，如此诠释的正义之为公平的第二原则没有从根本上偏离我们关于社会正义的深思熟虑的直觉。我们的直觉是，我们应该让人们为他们的自愿选择负责，但同时我们也有另一个直觉，即当某些人由于他们无法控制的原因而比其他人过得更好或更差时，这是不公平的。虽然公平的机会平等的理想在很大程度上捕捉到了这些直觉，但现实地说，我们无法把这个理想贯彻到底，因而它为差别原则所补充。如果罗尔斯达到了他的目的，那么我们现在应该相信，第二原则的这两个相互配合的条款与我们关于社会正义的深思熟虑的直觉相当接近。然而，还有一项工作有待完成，那就是（经由原初位置论证）去证明这些赤裸直觉是真正得当的。

研读问题

1. 一方面，实现公平的机会平等很重要，另一方面，维持家庭制度也很重要，那么差别原则是否提供了一种两者之间的妥当的折中方案呢？

2. 对第二原则的"民主的平等"的诠释在什么程度上贯彻了一种值得追求的纯粹程序正义体系？

3.5 刻画正义之为公平（§§15–17）

在§15开头，罗尔斯表示他已经完成了他对正义之为公平的两原则的解释（90；修78）。但是第2章没有接着讨论原初位置论证，而是继续讨论了五节其他内容。其中两节（§§18–19）是补遗，讨论正义之为公平这种社会正义理论如何与作为个体的我们的道德义务相关；后面我们会把这两节同第6章联系起来考察。但是，如果说对正义之为公平的阐发已经完成，但对它的论证又尚未开始，那么§§15–17算什么？罗尔斯那些隐晦的说法没有为此提供什么线索。不过，对待这几节的一个思路是将其读解为罗尔斯提供的一份描述，它描述了正义之为公平是什么样的理论——大致与§§5–6平行，这两节就效用主义做了类似的论述。如果这个读解是正确的，那么罗尔斯在第2章的目标就是强调相互竞争的理论之间的对比点。

眼下，我们可以回顾一下之前讨论的一些效用主义的特点。首先，效用主义假定，从社会正义的角度来看，唯一重要的事情是幸福，也即个人有多么幸福。因此，从效用主义的角度来看，我们可能关心的其他事情，比如我们对基本自由权的享有，都必须得到工具性的辩护。虽然我们有一个直觉，即一些基本权利应该是不可侵犯的，但这个直觉必须仅仅被解释为一种对社会有用的幻象。同时，严格来说，效用主义对我们的偏好内容不置可否。例如，有些人通过歧视他人而变得更幸福，这没关系：这样的幸福同样必须纳入我们的计算。最后，作为一个严格意义上的目的论理论，效用主义指示我们最大化幸福的总量，而不关心幸福在社会中的分配。谁特别幸福并不重要，只要幸福的总量尽可能大就好。在阐述了社会正义的另一种理论——正义之为公平——之后，罗尔斯开始描述他的理论如何在这些问题上采取非常不同的看法。

3.5.1 基本益品

我们说过，效用主义假定幸福的水平是在种种备选的基本结构中进行挑选时的相关数据。这种观点常被称为福利主义（welfarism）。但就正义之为公平而言，我们稍加思考可以明显看出，这种观点完全没有提到幸福水平。那么什么数据才是相关的呢？从一个意义上说，我们已经知道这个问题的回答：第一原则关系到基本自由权，第二原则关系到其他的社会与经济益品。在之前的一段话里，罗尔斯指出，这些东西将被冠以"基本益品"（primary goods）之名。但是罗尔斯还没有解释，他为什么认为是基本益品而非幸福构成了社会正义的适切尺度。在§15，他开始阐述他对这个问题的回答。

首先，我们应该注意到，基本益品的确切清单在罗尔斯的著作中有过些许变动。1971年初版《正义论》认为基本益品包括"权利和自由权、机会和权力、收入和财富"（92）；修订版将其修改为"权利、自由权和机会，以及收入和财富"（修79）。两个版本都指出，此外还有一种基本益品——我们到目前为止还没有提到——那就是"一个人的自我价值感"（a sense of one's own worth）或自尊（92；修79）。这种益品在《正义感》第7章§67中得到了讨论，而在那里，很明显，罗尔斯的真正所指是自尊的社会基础（the social basis of self-respect），因为社会终究只能为我们尊重自己提供一个基础：余下的事情必须靠我们自己。在后来发表的一篇论文中，罗尔斯进一步修订了这份清单：

（a）第一，以一种清单形式开列出来的各种基本自由权项，例如［……］；

（b）第二，移居的自由以及在多种机会背景下选择职业的自由；

（c）第三，（尤其是主要的政治和经济机构中的）各种负责的职务和职位所拥有的权力和特权；

（d）第四，收入和财富；

（e）最后，自尊的社会基础。（Rawls 1982: 362-363）

在此后的著述中，这份清单一直没有根本上的变化，所以我们大致可以认为它代表了罗尔斯的最终看法。

罗尔斯把一般意义上的基本益品定义为这样的东西：你拥有它的量，永远都是多一些比少一些好；换句话说，基本益品是"据认为，一个理性的人无论想要别的什么东西都会想要的东西"（92；修79）。他把对基本益品的详细讨论推迟到了第7章，但其大意如下。人们经常对什么是重要的或有价值的东西意见不一。我们假设某人碰巧珍视某种东西，她据此为自己制订了一个生活计划：也许是成为一名优秀的医生，也许是成为一个好的基督徒，也许是把她的生命奉献给环境保护，也许是别的什么。从某种非常一般性的观点来看，我们可以说，对一个人有益的东西，就是帮助她——或使她能够——按照她为自己选择的特定生活计划取得成功的东西。人们的生活计划不同，因此对他们来说有益的东西不同，换句话说，每个人都会为自己发展出不同的善观念（conception of the good）。这看起来是显而易见的。现在，罗尔斯想要提出一个主张：就某些益品而言，无论你的生活计划碰巧是什么，对你来说，想要更多而非更少的这些益品归根结底总是理性的。这些益品可以被称为"基本益品"。当然，你也可能想要一些其他的（非基本的）益品，而且基本益品之于这些其他益品的（以及诸种基本益品之间的）相对重要性可能会有很大的不同，这取决于你特定的生活计划及其独有的善观念，但在其他条件不变的前提下，你总是想要更多而非更少的基本益品。

为什么是这样呢？考虑一个可能的反例——某人想把她

的一生献给慈善事业。这个人可能远不如别人那样珍视收入和财富,但拥有更多而非更少的钱财对她仍然是有益的:毕竟,那样她就会有更多的钱捐给需要帮助的人!因此,在其他条件相同的情况下,从理性的角度说,她应该选择拥有更多而非更少的收入和财富,而收入和财富就在这个含义上成为基本益品。或者考虑另一个例子——某人的生活计划是做一名尊奉教义、矢志不渝的基督徒。这个生活计划似乎会在他不接触其他观点的情况下取得最大成功。因此,他是否宁愿拥有少一些而不是多一些宗教自由?根据罗尔斯的观点,正确的答案是否定的。这是因为,在他看来,从理性的角度讲,我们应该希望我们的生活计划以充分的信息为依据:我们应该有能力根据新的信息修改我们的计划,而消除这种能力是完全不理性的。因此,即使是一名尊奉教义的基督徒,在其他条件相同的情况下,从理性的角度说,他也应该愿意拥有更多而非更少的宗教自由。因此,宗教自由就像收入和财富一样,必须算作一种基本益品。罗尔斯的结论是,有了更多的基本益品,人们"一般都能在执行他们的意图和推进他们的目的时确保更大的成功,而不管这些目的是什么",当然,前提是他们必须是理性的(92;修79)。[8]

虽然这个初步的阐述看起来颇为可信,但也许我们会疑惑,罗尔斯提供的基本益品清单(即使经过他后来的改订)是不是真的完整,也就是说,还有没有其他东西也是这

---

[8] 罗尔斯在第7章§§61—64勾勒了一个"善之为理性"的理论(见第3.12节),而此处这些特定结论据认为是从该理论推出的。

样的：不论一个人有什么生活计划，想要更多而非更少的这种东西都是理性的。例如，假设按照前述对基本益品的定义，安德烈娅和鲍勃拥有份额相等的基本益品。但是鲍勃患有糖尿病，必须用他一部分的基本益品换取一定量的胰岛素。那么我们会说他们两人的状况同样好吗？大概不会。有些人因此建议罗尔斯把一系列基本的人类机能（basic human functioning）也列为一种基本益品（尤见 Sen 1980）。奇怪的是，罗尔斯拒绝这样做。在《正义论》修订版中，他插入了下面这段话，表示他对这个难题不予理会：

> 我们假定每个人都有正常范围内的生理需要和心理能力，不会产生医疗保健和心智能力的问题。若考虑这些棘手的情况，则不仅会过早引入可能使我们超出正义理论的问题，还可能搅扰我们的道德感知，因为这类情况会使我们去考虑那些远离我们、其命运引起怜悯与焦虑的人们。正义的首要问题是要关注那些在日常事务中是社会的充分和积极的参与者的人们之间的联系[……]（修 83-84）

这里他似乎建议我们先处理正常情况，再处理更困难的非正常情况。可以想见，这个回答无法令很多读者完全满意。在后来的著作里，他提示，若要对残疾予以恰切的考量，则要依赖一些在原初位置上不可知的经验事实，即"这类不幸的流行程度和种类"及其"治疗费用"（Rawls 1993: 184）。他主张，由此可以得出，这类问题得等我们先挑选出那些要调控社会基本结构的正义原则之后再予以考虑；也就是说，这些问题超出了他这部著作的论述范围。

我们暂且假定基本益品的清单令人满意。现在，效用主义认为重要的是幸福，而正义之为公平则认为重要的是基本益品的份额。这两种观点何以有高下之分？这个问题，按照罗尔斯的观点看，一定从属于一个更广的问题，即为什么要采纳正义之为公平而非效用主义，而对这个问题的正式回答要在原初位置的视点上提供。换言之，罗尔斯要论证身在无知之幕后的原初位置上的理性的人们会选取正义之为公平而非效用主义，而这个论证的一个方面就是，他们会选取基本益品而非幸福作为社会正义的适切尺度。罗尔斯在这里稍稍预表了下文的论证，他提示说，他们这样选择有一个出于实用角度的理由：基本益品大概会比幸福更容易度量。我们可以回想起，社会正义理论本来就是要解决现实的政治争端，这是它在社会中所起作用的一部分。实际上，基本益品代表：

> 一种共识，即应仅以那些被假定是所有人都愿多多拥有的东西为参照来比较人们的境况。这看来是建立一种公认为客观的共同标准——这标准是讲理的人们都能接受的——的最可行方式。然而，对于怎样评价幸福，比方说，把幸福定义为人们在执行他们理性的计划中取得的成功，更不必说评价这些计划的内在价值，却不可能有类似的共识。（95；修81）

不过罗尔斯在此所做的解说为时尚早。目前他的目标仅仅是凸显正义之为公平与效用主义的对比。

从幸福向基本益品的转移有怎样的蕴意？有以下几点。

如果我们仅仅关心幸福，那么对基本自由权、机会等事物的价值，我们就只能作出间接说明。而从基本益品的角度说则不是这样，上述每一项都可以被单独视为凭其自身而有价值的事物。如果我们把最大化幸福设为我们的目的，那么我们就必须考虑到人们幸福的方式各不相同。如果有人以歧视他人为幸福，那么这一点也须被考虑在内，这种幸福与这种歧视会导致的不幸福也须被赋予相同的权重。如果有些人——上文（第3.2节）讨论的那种主导财阀统治的享乐主义者——能以很高的效率把物质益品转化为幸福，那么就应该把那些益品多多分给他们。如此种种，不一而足。而在把幸福换成基本益品之际，我们实质上同意把这类信息忽略掉：只要每个人都拥有公平的基本益品份额，我们就一致认为社会正义的要求已经得到满足。因而，基本益品代表着一种根本有别的看待社会正义问题的方式。在相当程度上，基本益品涉及这样一点：按照自己的生活计划来寻求自己的幸福这件事，其责任要分派给个体。

3.5.2 正义与团结

我们之前讨论过的一个理念是，社会可以被视为一个合作体系，它不仅有互利的一面，还有利益冲突的一面。因为不同的基本结构配置会不同程度地使各社会群体获益，所以为了在一个不偏不倚的视点上去调和这些相互冲突的利益，我们必须有某种公共的社会正义观。效用主义主张这样调和利益冲突：在完全平等地计入每个人的幸福的前提下，把每一选项预计会产生的幸福加在一起,然后选取总量最大的选项。这里面实质上含有这样的思维方式:把社会当作一个人,她不在乎她的许多部分之中有哪些部分会碰巧体验到幸福。换言之,我们可以说效用主义含有这样的态度:从一个完全不偏不倚但又仁慈的外部旁观者的角度看待社会。"正是这个观察者被设想为要对所有人的欲望进行必要的组织并将它们变成一个融贯的欲望体系。"罗尔斯在该书前面部分的一个段落中如是反思。由于观察者处在社会之外,她个人并不特别依系社会的任何一个成员;相反,在这漠然的社会工程过程中,"分离的个人就被设想为相应数量的路线,沿着这些路线,权利和责任得以分派,稀缺的满足手段得以调配"(27;修24)。从这个外部观点看,也许有一点看起来十分显然,那就是理性的政策一定在于使善的总量最大化。

正义之为公平提出一种截然不同的方法来调和涉及社会基本结构的相互冲突的利益。我们不是从一个不偏不倚的观察者的角度看待社会,而是从公民本人的角度看待社会,我们想象他们已经作为平等者聚到一起,选定了所有人都能同意的正义原则。平等的公民既然不是那种可谓从外部审视自己社会的不偏不倚的观察者,当然就不会不关心他们珍视的种种事物如何分配。这一点反映在正义的第一原则上,它告诉我们,即使不平等地分配基本自由权可以产生更大的总量,但还是要平等地分配基本自由权。而虽然第二原则允许其他社会经济益品上的不平等,但那也只是在那些不平等对每个人都有利的情况下才允许,即使这意味着生产的全部财富总量略少。这使得正义之为公平成为一种罗尔斯定义下的道义论理论（见第 3.2 节）。由于两原则不去最大化什么东西，因此我们就不能依赖于为效用主义做出的那种貌似简单的从理性出发的论证：对正义之为公平的论证将不得不更为复杂，也没那么直接。

不过在转向第 3 章的论证之前，罗尔斯还在 §§16–17 对正义之为公平的特征进行了更多反思。这些反思始于一个评论：从平等公民的角度看待社会正义，需要"把某些地位鉴定为较基本的地位"，以"提供判断社会体系的恰当立场"（96；修 82）。换句话说，许多对其他理论来说相干的信息或数据，原则上是被正义之为公平所无视的。例如，我们在集中关注基本益品的时候，实质上同意忽略"一单位的那些益品碰巧会在多大程度上令某人比另一个人更幸福或更不幸福"的问题：我们说，个体的幸福是每个人自己的事。再者，我们在评价基本益品的分配时，不考虑特定个人的具体份额，而是考虑代表性群体的典型份额：就基本自由权来说，这个群体是公民；就其他社会与经济益品来说，这个群体是最不利者。我们的关注焦点也不在人们最终持有的基本益品份额，而在他们最初持有的份额，而这个份额由社会基本结构所决定。社会正义的作用只在于保证我们的起始位置是公平的。"一旦满足了这两个原则，"罗尔斯说，"就允许别的不平等从人们［……］的自愿行动中产生。"（96；修 82）在这里，我们看到，正义之为公平纳入了纯粹程序正义的理念，与效用主义形成反差。罗尔斯在稍前处指出："效用主义并不把社会基本结构解释为一个纯粹程序正义的计划。"这是因为"效用主义者至少就原则来说有一个判断所有分配的独立标准,即它们是否能产生最大的满足净额"(89;修77)。换言之,只要有了充足的关于每个人的偏好的信息,我们就应当能事先算出究竟怎样的益品调配会使幸福总量最大化。既然没法保证人们会自愿选定这个模式,那么维持这个模式就可能需要持续的调整和干预。如此一来,我们为完成这一任务而确立的程序将体现出或完善或不完善的程序正义,这取决于该程序产生所追求模式的效能。据罗尔斯,这代表了诸理论之间的一个重要差异。

不同于效用主义,正义之为公平聚焦于基本结构对我们的起始位置的决定作用,这体现出如下想法,即不能从个人层面说我们应得或不应得我们的初始禀赋。才华和能力的"自然分布无所谓正义不正义,人降生于社会时处在"阶级体系中的"某一特殊地位也说不上不正义",罗尔斯说,

> 这些只是自然的事实。正义或不正义的是制度处理这些事实的方式。[诸如]贵族社会与种姓社会不正义,是因为它们使这类偶然因素成为判断是否属于多多少少封闭的、有特权的社会阶层的归属标准。这类社会的基本结构纳入了自然中发现的任意因素。(102;修87-88)

既然这些自然事实本身无所谓正义不正义,正义之为公平的目标就不在于消除它们,而在于如此组织基本结构,以使"这些偶然因素能为最不幸运者谋利"(102;修87)。这恰恰是正义的第二原则尤其是差别原则的作用。在1971年初版的文本中,罗尔斯说:"差别原则实际上代表这样一种协

定：把自然才华的分布看作一种共同资产，并共享这一分布的效益（无论这一分布到底是怎样的）。"（101，强调为笔者所加）这个表述明显很容易遭到误解。它似乎是在说罗尔斯相信这一点：比方说，安德烈娅的音乐天赋不属于她自己，而属于社会，所以她没资格拥有她用这份天赋产出的一切。这完全不是罗尔斯想说的，他在《正义论》修订版中对这里的想法做出了如下澄清："差别原则实际上代表这样一种协定，把自然才华的分布看作从某些方面而言的一种共同资产，并共享这种由自然才华分布上的互补性带来的社会与经济上的较大效益。"（修87，强调为笔者所加）从修订版的文字中仍不太容易看出罗尔斯想说什么。他不是想说社会拥有其成员的才华，而是想说，诸如安德烈娅的才华碰巧与鲍勃不同，鲍勃的才华又碰巧与卡尔不同，这些偶然情形本身是每个人都可以借由合作而从中获益的。换句话说，社会包含多样的人，人们有多样的才能，而我们都因此获益；因而，让其中一些效益特别地渗漏到最不利的个体那里，这看起来完全是公平的。这就是差别原则本意想要保证的。

我们不妨更宽泛地表述这里的要点：正义之为公平包含把社会视为某种共同事业的看法，而在这个事业里，我们都同意分担一些负担和风险，但同时也都同意在可以向每个人提出的分担要求上设置确定的界限。后面这个想法尤其体现在第一原则上，而前面的想法则体现在第二原则上。社会之为共同事业的理念可以说是《正义论》背后最重要的假定之一。

罗尔斯对正义之为公平的描述和刻画到此为止。由于这一理论比效用主义复杂得多，所以我们需要付出更多努力对其加以解释，并在解释过程中涉及不少技术性的细节。完成了这第一项任务，罗尔斯终于做好准备进入他的第二项主要任务，那就是阐述他对正义之为公平比效用主义更为可取的论证。

研读问题

1. 罗尔斯的基本益品清单是否准确捕捉了一个人从理性上说会想要更多而非更少的东西——无论他或她有怎样的具体生活计划或与此相关的善观念？

2. 在解决有关正义的争端时，究竟是仅依赖基本益品所捕捉的有限信息更好，还是说一个人能用自己的基本益品获得的幸福也是一个重要因素？

3.6　原初位置（§§20、22、24-25）

对正义之为公平的原初位置论证主要出现在《正义论》第3章。可惜，罗尔斯仍然没有按照最符合其自然进展的顺序来陈述他的论证，而且第3章比前两章更甚，所以迫于此点，我们还是多少要在文本当中跳来跳去。我们从第3章的第一节（§20）说起，在这一节，罗尔斯审视了为正义之为公平所做的论证理应采取的形式。

一切社会，出于必然，都一定有一个基本结构来规定如何协调其成员之活动，以及如何在成员之间分配其合作的效益与负担。哪种基本结构是最佳的？很遗憾，由于"任何人都不可能得到他想要的一切"，所以人们往往意见不一。我们可能会推测，"对一个人最好的事情莫过于其他所有人都和他一起来推进他的善观念，而不管这一观念到底是什么"，但当然"其他人绝不会同意这种联合的条件"（119；修103）。把某些基本结构强加于社会也许会使某个特别有利的群体获益，但我们自然不会认为这样一个社会是正义的。我们不妨再想象另一种情况，想象社会的所有成员聚在一起，尝试推敲出一套彼此都可接受的一般性原则，即社会正义的原则，而这些原则将指引他们设计这个社会的基本结构。很自然地，我们会想保证集会的每个参与者都有足够的信息，都理性地考虑问题，并且都基于公平、平等的条件相互谈判。这种种条件都被总结在罗尔斯所说的"原初位置"中，我们将在后文对这些条件予以更充分的讨论。那么原初位置上的人们会同意何种原则呢？罗尔斯说，他们会拒斥效用主义，而认可正义之为公平。在他看来，这说明正义之为公平代表了一种更好的社会正义理论：自由而平等的公民一旦拥有做这种选择的公平条件，就会为自己选择这一理论。因此，当一个社会的基本结构与正义之为公平的原则相符时，在某种观点看来，这个社会就可以被描述为一个自愿主义的社会。以上就是对正义之为公平的论证理应采取的路线。

现在很重要的是记住原初位置只是一个思想实验。我们不可以认为论证的成功与否取决于是否实际上有一群人——或是否可能有一群人——处在大致货真价实的原初位置上。相反，原初位置论证代表的是一套公平决策程序的一个理想化模型。罗尔斯在此明确提示，这类似于在经济学中可以找到的种种标准的模型（119-120；修103）。经济学模型从一套简化的起始条件开始，接下来，这些模型运作于一个理想化的假定情形之下，即假定所有经济行为者的行为都是为了最大化自己的个人福利，由此得出最终会有怎样的均衡价格之类的结论。即使真实市场中的真实价格不符合模型的预测，模型也仍然可以显示出极大的用处。我们也许可以如此理解为什么真实价格与模型预测的价格不同：或许有些经济行为者非理性地行事，又或许市场有种种不完善之处，因而产生价格扭曲。以大致相同的方式，罗尔斯希望得出的结论是理性的人们在原初位置上会同意什么样的社会正义原则。即使真实社会未能符合这些原则，原初位置模型也能帮我们理解这是为什么：或许是有权势者把某种基本结构强加于社会，又或许是人们关于正义的判断不恰当地受到偏见影响。

在实施这个建模任务时，罗尔斯认为我们"应当向一种有几何学的全部严密性的道德几何学努力"。当然，鉴于很多道德和政治问题的复杂性，他承认，他实际进行的探讨"离此还差得很远"，但是，"在心里抱有这样一个欲达到的理想还是重要的"（121；修105）。罗尔斯为什么把演绎的、几何学式的严格性设为他的理想？请回想一下我们之前对直觉主义的讨论，其中说到我们有重要的理由去尽可能减小我们对不可靠的、赤裸的道德直觉的依赖。为了努力达成这一点，凡在可能之处，原初位置模型都把道德判断替换为利害谋虑判断（即关于理性的人们为了促进自己的利益会同意什么的判断）。如果我们把原初位置模型设想为某种计算程序，它接收了明确的输入后便会将其机械式地转换为社会正义原则，那么我们只需依靠两种相对来说无争议的直觉。第一种是我们关于何种谈判条件才算公平的直觉。第二种是我们的一些深思熟虑的判断，关涉"任何可接受的社会正义理论都必须是怎样的"——比如说，根据任何可接受的社会正义理论，但凡有什么东西称得上不正义，宗教不宽容和种族歧视就一定称得上不正义。那么这里的想法就是，从看起来公平的谈判条件开始，察看如此刻画的模型所生成的原则是不是与我们深思熟虑的判断相匹配。如果不匹配，我们就稍稍调整条件，或调整判断，或两者都调整，然后重新操作一遍，直至最终经过很多次这样的调整后，我们达到反思平衡。重申一下前面说过的一点：罗尔斯并未在著作中实际叙述这个漫长的过程，而是报述了他认为这个过程会有的结果。

3.6.1 无知之幕

那么，我们不妨先来谈谈我们对于公平的谈判条件——刻画了罗尔斯所说的原初位置的条件——有怎样的认识。"原初位置的理念，"罗尔斯说，"旨在建立一种公平的程序，以使任何被一致同意的原则都将是正义的。"（136；修 118）我们期待这个关系成立，那么，原初位置必须是怎样的才会使我们可以如此期待呢？假设原初位置上的某几方有权力强迫其他各方接受这样一些原则：这些原则会强令后者去从事社会上所有不愉快或危险的劳动。虽然说，当我们处在诸如枪口的威胁下时，对这种协定的默许是理性的，但是我们不会基于这种默许而认为协定是正义的。这只是有助于表明一个显而易见之点：在允许使用强力时，谈判不能被视为公平。依据类似的推理，我们也必须排除欺骗：如果可以让一些人欺骗另一些人，那么我们就没有理由认为最终产生的协定必然代表了正义。如罗尔斯所言："如果原初位置要产生正义的协定，各方就必须拥有公平的地位，被当作道德的人得到同等对待。"（141；修122）

从我们对通常的公平契约谈判的认识来看，我们这两项要求完全不陌生：没有人认为人们应该被要求遵守他们仅因为受到强迫或欺骗才同意的契约。实际上，排除暴力和欺诈是如此显而易见，以至于罗尔斯几乎完全没有提到。他把§24的主要篇幅用在讨论一个进一步的限制，他称之为"无知之幕"。这项限制虽然初看显得奇怪、不现实，但重要的是，我们要明白它只不过是上述基本思路的延伸。我们在想象理性的人们假如身在无知之幕后的原初位置上则会同意什么的时候，其实只不过是在问我们自己，假如那些谈判在有可能存在的最为公平的条件下进行，则大概会有怎样的结局。如下想法是说得通的：但凡有什么代表正义的东西，那么充分理性的人们在完全公平的条件下会同意的一切必定就代表正义。

那么，无知之幕到底是什么？罗尔斯相信，当参与有关社会正义的商议的人们不知道某些有关他们自己的事实时，这样的商议就是尽可能正义的。他特别提到，我们应该想象"没有人知道他在社会中的位置，他的阶级出身或社会地位"。换言之，就是不准原初位置上的参与者知道自己是富人还是穷人、黑人还是白人、男人还是女人，等等。此外，没有人知道"他在天然资产和自然能力［……］的分配中得到的份额"——不知道自己是否生来就有音乐才华，有击出本垒打的天赋，甚至不知道自己是否生来就有任何值得一提的特殊能力。第三，没有人知道"他的善观念"或"他理性的生活计划的详情"——他是想成为一名有才华的医生，还是一名优秀的基督徒，还是一位环保斗士，还是别的什么。请注意，应该被我们收入这份清单的不仅有这样的无可争议的善观念，还有那些道德上可疑的善观念。例如，有人从歧视和压迫少数群体、女性或不同宗教信仰者中取乐。所有社会都有这样的人，我们必须料想原初位置上也有这种人的身影。但重要的是，不能允许他们知道自己的这种种偏好。第四，也是最后一点，无知之幕阻止参与者知道"他们自己社会的具体情况。也就是说，他们不知道这一社会的经济或政治状况，或者它能达到的文明和文化水平"（137；修118）。虽然罗尔斯没有特别提到，但是这里所涉及的"具体情况"囊括了关于善观念之分布的知识，也就是关于多少人是坚定的基督徒，多少人是全心全意的环保主义者等情况的知识。

尽管初看令人不解，但是一经仔细思考，每一项限制的道理应该都相当清楚。假如我知道了我是白人或男人，我可能会讨取一些偏向白人或男人的原则；而如果我不知道这些，我就没有理由这么做。故而无知之幕的意义在于迫使我们从一个不偏不倚的角度思考社会正义问题。不妨说，无知之幕贯彻了我们此前（在第1章）讨论过的康德道德哲学的精神。罗尔斯在其著作的后面部分再次谈到这一点，到时候我们也将再谈它。

然而，在这个阶段，我们可能会有这样的疑惑：如果这么多信息都对原初位置的各方隐藏起来，那么还有什么事情要他们来商议？其实有很多可讨论的。由于无知之幕只隐藏特殊事实，因而我们可以推断，原初位置的参与者充分知悉一大批相关的一般事实。罗尔斯讨论的第一组一般事实是他所说的"正义的环境"（the circumstances of justice）。我们之前已经多次讨论到一个理念，即社会可以被视为一个相互合作的体系，它既有利益冲突的一面，又有利益一致的一面。如罗尔斯在§22开头后不久提醒我们的那样：

> 由于社会合作使所有人都能过一种比他们各自努力、单独生存所能过的生活更好的生活，就存在一种利益的一致。又由于人们谁也不会对怎样分配他们的合作所产生的较大效益无动于衷，这样就又存在一种利益的冲突，因为为追求他们的目的，每个人都想要较大而非较小的份额。（126；修109）

那么，正义的环境就无非是某些关于世界的一般事实，正是这些事实在每个社会里同时产生了利益的冲突与一致。

这些事实里有些是客观的。因为人总是容易受袭击所伤，所以团结起来共同防御对每个人都有好处。因为很多值得追求的计划和尝试都要求合作，所以，若有某种办法来协调各个人的努力和活动，则会使每个人都受益。同时，不幸的是，土地与自然资源不够充裕，无法使每个人拥有自己想要的一切，这也是事实。所以我们必须决定合作的种种效益和负担应该如何分配。

不过，正义的环境也包含一些主观的事实。即使人人的确都从社会合作中获益，但不同的人"又都有他们自己的生活计划。这些计划使他们抱有不同的目的和目标，并对自然与社会资源提出相互冲突的主张"（127；修110）。这里至关重要的是要明白，罗尔斯并不是声称人们必然自私自利，始终想要牺牲他人来增进自己的得益。当然有些人的确如此，但那与我们目前的论证无关。关键只在于，人们无可避免地有不同的生活计划，这些计划基于人们那些各自有别的善观念。如果某一个人力图倡导环境保护，另一个人力图倡导扶贫济困，那么这两个人很可能会对同一份稀缺资源提出相互竞争的主张，尽管谁都没有企图牺牲他人来增进自己的个人福祉。就算是完全仁慈的目的也可能互相冲突。因而，我们必须把这一主观事实——人们的善观念各不相同，而且有可能是相互竞争的——列入正义的环境之中。

既然这些关于人之状况的本相的事实是一般的而非特殊的，于是罗尔斯告诉我们，可以"假定原初位置上的人们知道正义环境是成立的"（128；修111）。换句话说，原初位置的各方虽然不知道他们社会的具体特征，但仍然知道一般而言的社会合作是互利的。他们虽然不知道他们这个社会的资源条件和发展水平有多光鲜，但仍然知道适度稀缺性的条件必然适用。每个参与者虽然不知道自己碰巧会有什么特定的生活计划或善观念，但仍然知道人人都有一种善观念，知道每个社会都无可避免地要接纳各式各样的观念。

还有很多相关的一般事实没有被无知之幕所隐藏。实际上，我们"假定各方知道所有影响正义原则选择的一般事实"，这方面并无限制（137；修119）。例如，原初位置的各方虽然不知道自己在才华或能力的自然博彩中抽到怎样的结果，但仍然知道一般而言的人类具备多种多样的才华和能力，而当它们得到培养，其运用得以协调，作为整体的社会就会获益。实际上，我们应该假定参与者可以充分接触一切可能与其决策相关的经济学、社会学、心理学和自然科学（158-159；修137）。如果说原初位置上的知与不知的区分有时显得任意，我们只需提醒自己想想这个建模任务的整体旨趣。我们的目标是推导出尽可能好的社会正义观。一般来说，我们应该认定信息是多多益善的，除了有可能使结果产生偏见的信息。无知之幕的作用无非就是阻挡后一种信息，而放行前一种信息。

3.6.2　各方的理性

至此，我们还只讨论了原初位置上谈判的条件。那么谈判各方本人呢？我们该把他们想象成什么样？罗尔斯在这里又一次让我们作出若干假定，他主要在§22和§25讨论了这些假定。第一，我们应该假定"原初位置上的人们是理性的"，他这样说的意思是，"在选择原则时他们每个人都试图尽可能好地推进他的利益"（142；修订版删除了这一段）。那么在这里我们可能会想，他们要怎么做到这一点？如果原初位置的各方不知道自己的特定的善观念，他们怎么可能知道什么会推进他的利益，什么不会？对这个问题的回答其实恰好匹配了我们之前介绍的基本益品的理念。请回想，基本益品的定义无非就是我们能够设想的一个理性人不论到底有怎样的善观念都会想要的东西。所以，即使身在无知之幕后面的原初位置上，一个理性人也知道她"更喜欢较多的而非较少的基本社会益品"（142；修123）。这是一个很好的例子，它说明了罗尔斯是如何仔细确保其理论的各个部分能完美拼合且相互补充的。

给出任何两个选项，我们都应该假定，身在原初位置上的人们，即使不知道他们的特定的善观念，也会始终在两个选项其他条件相同的情况下，选择有较多而非较少的基本益品的选项。这是罗尔斯的"各方的理性"这一说法所指的第一点。不过他并未停在这里：他又进一步坚称，我们要想象各方是严格理性的。严格理性的个体在如下意义上是"相互冷淡的"：他们"既不想赠送利益也不想损害他人［……］我们可以借用比赛的术语说，他们在努力为自己寻求一种尽可能高的绝对得分"，而不管其他选手得多少分（144；修125）。借助表3.6，我们可以很容易看出这个假定的意义。

表3.6

	基本益品份额			
	I	II	III	IV
安德烈娅	10	15	20	25
鲍勃	10	15	15	10

假定鲍勃是理性的，那么在选项I和II中，他显然会更喜欢II，因为这两个选项唯一的区别在于II中安德烈娅和鲍

勃的基本益品份额都比较大。有趣的问题是，在选项Ⅰ和Ⅲ中，鲍勃会不会更喜欢Ⅲ。如果他有妒忌心，他就不会。在那种情况下，他会接受他自己的各选项当中较小的一笔，只要安德列娅的那一笔不比自己的大。罗尔斯假定，严格地"理性的个体并不受妒忌之累。他并不是只要他人能受损失，就自己也乐于接受损失"（143；修124）。而妒忌的反面是利他。选项Ⅳ跟Ⅱ或者跟Ⅲ相比，鲍勃会更喜欢选项Ⅳ吗？假如鲍勃足够利他，他就会。在那种情况下，他就会接受他自己的各选项当中较小的一笔，这样可以让安德烈娅的那一笔更大。在罗尔斯看来，严格理性的个体不会这样想。正如鲍勃不该单纯为了避免安德烈娅拥有得更多而接受损失，他也不该单纯为了保证安德烈娅拥有得更多而接受损失。他在乎的只有最大化他自己的那一笔基本益品。用稍微不同的语言来说，罗尔斯是假定原初位置的各方将只持涉己的偏好，不持涉他的偏好。

　　许多读者觉得相互冷淡这一假定的两个部分都是成问题的，尽管成问题的理由相反：觉得排除妒忌成问题是因为就算妒忌是不理性的，假定人们体验不到妒忌也不现实；而觉得排除利他成问题则是因为就算很多人不常利他，但利他也肯定不是不理性的。那么罗尔斯为什么坚持相互冷淡的假定呢？这与他对人性的看法无关。相反，他是严格地从方法论出发而坚持这一点的，他说："原初位置上的相互冷淡的设定是为确保正义原则不致依赖较强的假定。"我们必须牢记，原初位置模型的目的是降低我们对不可靠的赤裸道德直觉的依赖，从而避免那些困扰直觉主义的难题。我们力求尽可能从非道德前提得出道德结论,这要求我们从模型中仔细排除隐蔽的道德考虑。"一种正义观不应当预设广泛的情感纽带,"罗尔斯说道,"在理论的基础部分,我们要努力做出尽可能少的假定。"(129;修111-112)实质上,如果假定原初位置上的人们已经为特定的道德考虑所推动,那么这是作弊。(特别地把妒忌心认作一种道德考虑,这也许显得怪异,但允许原初位置上有妒忌心可能会带来一些后果,比如说,导致各方把过高的价值赋予为平等而平等的做法。而若允许有利他心,后果则较为显而易见,这会导致各方为了他人的善而接受其程度过高的个人牺牲,在之后的讨论中我们会看到这点。)

在解释过相互冷淡的假定后,我们接下来应注意,罗尔斯引入了两点澄清,或不如说两点限定。第一点重复了我们很早前提出的一点(在第3.3节):我们要在宽泛、长期的意义上来理解相互冷淡的理性。作为严格理性的个体,原初位置的各方不只要考虑他们直接的、短期的获益,也要考虑采取一种而非另一种社会正义观可能带来的长期效应。这包括要考虑到,一俟无知之幕揭开,社会正义原则开始实施,人们还会不会遵守他们在原初位置上达成的协定。由此观之,"人类心理的一般事实和道德学习的原理"——例如,现实世界的人们(与原初位置上的各方相区别而言)妒忌或利他的程度——"也是各方要考察的相关问题。如果一种正义观不易产生对自身的支持,或缺少稳定性,这一事实就绝不可忽视"(145;修125)。这点澄清初看起来有些令人感到迷惑,但到后面终归会显出其重要性。虽然我们要假定原初位置上的各方本人既不妒忌也不利他，但我们也要假定，他们会考虑到一些一般性心理学事实，这些事实涉及现实的人类往往体会到的妒忌和利他，以及通常会使人类体会到这些的状况。这些一般性心理学事实有可能会支持某些而非另一些原则，正如我们将看到的那样。

第二点澄清——可以说它更多是一个限定——是我们应该假定原初位置的各方不只代表他们自己，也代表"世代相续的主张"（continuing lines of claims），例如一家之主也许不仅关心自己那一份基本益品，也关心后代的益品份额。关于这个动机，罗尔斯赶紧补充说它"不必考虑［……］恒久的影响"，但我们应该假定"他们的善意至少泽及两代"（128）。出于一些与后面对代际正义的讨论相关的复杂的技术性理由，修订版的文本弱化了这个假定，提出了一个替代的要求，即"各方所同意的原则受这样一点约束：他们希望所有的前代都遵循过同样的原则"（修 111）。这个改动不尽恰当，因为对正义之为公平的论证的核心部分实际上依赖于前版的假定，而修订版的文本所提出的假定则可有可无。这一点我们还有机会细说。[9] 眼下的主旨仅仅是：我们应该假定原初位置的各方都想要推进实现自己的目的，以及其后一两代人的目的。

在 §25 结尾，罗尔斯对原初位置的刻画做了一番回顾。原初位置这个想法，初看也许显得奇怪、造作，但等你习惯了这个想法，它就不那么奇怪了。实际上，从某种角度来

---

[9] 我们将在第 3.8.1 节讨论这个假定在对正义之为公平的论证中的作用，将在第 3.10.1 节讨论其在代际正义问题中的作用。

说，我们根本不用把原初位置设想成一场集会。由于原初位置上的人们无法了解关于他们自己的具体信息，罗尔斯说，"这样就产生出一个很重要的推论：各方不再具备通常意义上讨价还价的依据"（139；修120）。也就是说，由于没有人能计算出采取某一套而非另一套原则会对自己尤其有利，所以他们就无法依据什么来试图从其他各方处索取让步，以此作为达成协定的条件。无知之幕实质上把参与者置于完全平等的地位：在各方都严格理性这一前提下，我们可以预期人人都会为完全相同的论证所打动，也都会得出完全相同的结论——"无知之幕使对一种特定正义观的一致选择成为可能"（140；修121）。因而，如果愿意的话，我们可以省去公民大会的隐喻，而把原初位置设想为一个思考角度：只要让自己处于恰当的心境当中，我们当中的任何人在任何时候都能自己采取这个角度。要想搞清楚社会正义是什么，我们只需反思一下，当我们把自身社会地位的特殊之处放在一边，从严格地不偏不倚的角度对问题加以深思，此时我们会为自己选择什么样的社会正义原则。无知之幕只不过是使这个思想实验更为生动、更易执行的一个辅助手段。

研读问题

1. 把社会契约解读为一种假想的建模程序，这有哪些好处，有哪些局限性？

2. 在被原初位置上的无知之幕所排除的信息与未被排除的信息之间，罗尔斯划定的界线是否妥当？

3.7 陈述备选项（§§21、23）

现在罗尔斯既然完成了对原初位置的刻画，下一步他似乎到了可以说是"运行一遍模型"的步骤了——我们想象出一群身处无知之幕后的相互冷淡的理性人，并推导出他们的商议所产生的社会正义原则。不过这不是罗尔斯采取的步骤。相反，他想象有人给原初位置的各方出示了一份简短的清单，上面列出了几个特定的候选理论，然后问他们偏爱其中哪一个。这意味着罗尔斯把眼光放低了：他的论证即使成功，也将只表明正义之为公平比所列出的其他备选项好，而不表明它是一切可能的社会正义理论中最好的。既然他自己已经承认，这"是一种不能令人满意的进行方式"（123；修106），我们也许会疑惑他为什么挑选了这个较为保守的路线。

他第一个想法是，较为彻底的策略会给原初位置各方的"理智能力"加上太重的负担。因此，"不能保证各方会做出最好的选择；那些最可取的原则可能会被忽视"（122；修106）。但这样说很难令人信服，毕竟我们已经对各方的能力做了很多不现实的假定。再多一个假定能有什么坏处呢？更好的解释不在于各方的理智能力有限，而在于我们自己的理智能力有限。由于我们想象不出一切可能的社会正义观，因此我们不可能以完全令人满意的方式执行这一模型。我们能做的至多是拟定一份我们目前熟知的各种正义观的清单，起码让这些正义观都接受原初位置实验的检验。我们在意识到新的观念后，自然总可以将其添加到清单上，但在此之前，我们有希望得到的最强的结论，就是正义之为公平比已知的其他任何备选项都好。罗尔斯至少诚实道出了这一局限性，这是他值得赞美之处。考虑到他写作《正义论》时的历史背景，这张简短清单上一定会包含的备选项应该是相当显而易见的，具体来说就是：正义之为公平、效用主义和直觉主义。考虑到当时人们普遍认为效用主义是可用的社会正义观中最强大、最有说服力的那个，因此即使得出的是一个相对保守的结论，即原初位置上的理性的人们会取正义之为公平而舍效用主义，这样的结果也是极其重要的。相应地，取得这一结果是罗尔斯在《正义论》中肩负的主要任务。不过，这不是他取得的唯一结果，所以我们值得在此稍作停顿，更详细地讨论一下正式提出的备选项清单。

  罗尔斯在§21首次提出了一份备选项清单。这份清单（如我们所料）包括正义之为公平、效用主义和直觉主义，还包括利己主义和另外几种可能性（这些可能性我们后面会讨论）。但这不是他最终的清单。稍后（在§23），他引入了他所称的关于何种社会正义观可被接受的"形式限制"，而这些限制最终为清单带来了一些调整。罗尔斯在这里究竟想做什么？他的术语或许有些误导人。我们也许会以为，"形式限制"所要限制的是某种观念但凡要被算作社会正义观就需要具有的形式，但这不是罗尔斯对形式限制的解释。他的解释是：

> 这些形式的限制条件的恰当性源自正当原则要调整人们对制度和互相提出的要求这一任务。如果正义原则要发挥它们的作用，即要分派基本的权利、责任和决定

得益的划分，自然就需要这些条件。(131；修113)

从我们之前的讨论中（第3.3节）可以回想起这一点：原初位置的各方不只要考虑短期得益，也要考虑宽泛理解下的长期利益。有一些长期利益关乎社会正义观理应发挥的作用——其中最重要的作用是解决涉及社会基本结构的实际争端。由此可以推出，任何不可能满足这些必要功能的候选理论，都会被原初位置的各方直接排除掉。(有趣的是，即使没有无知之幕，他们也会这样做，因为这里涉及的考虑关乎每一个人，不论其具体的社会地位如何。)如果这是对形式限制应有的解读，那么罗尔斯似乎有些操之过急，在原初位置上的商议正式开始之前就预表了它会怎样进行。但若假定这几项形式限制确实言之有理，这一点先行工作就可以大大简化他后面的讨论，因为它删去了显得不可信的备选项，阐明了对提议和论证的一些限制——只有遵循这些限制的提议和论证，才能在原初位置上具备现实的可采纳性。

罗尔斯指出，任何可接受的社会正义原则都有五项形式限制。第一项限制："原则应当是一般性质的（general），即必须能够不使用那些直觉上被认作专名或被认作严格的限定性描述语的词语来表述原则。"(131；修113)第二项限制："原则在应用上也必须是普遍的（universal）。它们必须因每个人都有道德人格而对每个人成立。"(132；修114)这两项限制虽然有联系，但也有区别。例如，"每个人都应该服务于安德烈娅的利益"这项原则是普遍的（每个人必须遵从同一条规则），但不是一般的（因为它特别提到安德烈娅）。相比之下,"男人应该从事社会上一切有回报的劳动"是一般的(它没有指名道姓)但不是普遍的(因为女人想必得遵从不同的规则)。当然,考虑到无知之幕,这些限制就多余了:某人要是不知道自己是不是安德烈娅,那么这个人拥护"每个人都应该服务于安德烈娅的利益"这项原则就很愚蠢。与此类似,如果谁都不知道自己的性别,就不会有人提出男人应该垄断最好的工作。不过据罗尔斯认为,一般性和普遍性并非只是无知之幕背后的商议大概率会得出的结果,而是比这更强的限制:它们从根本上限制了什么样的社会正义观是可采纳的。针对一般性,罗尔斯宣称,一种观念若要"能够永久地作为一个组织有序社会的公共宪章",就需要具备一般性。这是因为有关正义原则的知识"必须是任何时代的个人都可获得的。这样,对这些原则的理解就不应要求有一种对偶然的特殊情形的知识"(131-132;修114)。他此处的推理是否周全,这并不清楚。例如,君主制的原则看起来就不满足一般性(只要该原则明确指示了某一皇族的名号),但纵观历史,这种原则仍然完全能够规制高度稳定的社会。针对普遍性,罗尔斯仅仅说它的推导与一般性"有一共同的基础"(133;修115)。根据类似的理由,我们可以对这一点是否属实抱持怀疑。对罗尔斯而言幸运的是,没有太多东西取决于此,毕竟无论如何,无知之幕都会完成这里所需的工作。

第三个形式限制是"公共性"。这要求各方只能是"为了一个公共的正义观而选择原则"(133;修115)。换言之,他们所展望的必须是这样一个社会:人人都接受并知道其他人也接受那些实际规制他们的社会的正义原则。这会排除一些方案，例如，原初位置的各方同意对他们未来的奴隶及其后代进行洗脑，使他们无法知悉规制其生活的基本结构的真实依据和辩护。与前两项限制不同，公共性确实自然而然地出自我们对社会正义观发挥的独特作用的理解，毕竟，如果某种观念是对公民保密的，我们就很难看出它如何能够令人满意地解决公民之间现实的政治争端。罗尔斯在这里补充了一个评论，说公共性似乎隐含在任何康德式的政治哲学或道德哲学之中。社会若要在任何意义上成为一个自愿的计划，由公民为自己选择的原则所规制，那么公民们当然必须知悉他们所选的原则。

第四和第五项限制也没有什么难点。如果一种社会正义观要有效地发挥其独特作用，它显然要能给种种可行的基本结构从优到劣排出一个完整而一贯的次序。罗尔斯没有给这第四项条件取名，不过我们可以称之为效能性（efficacy）限制。从类似的理由出发，任何可接受的社会正义观都必须遵循"终极性"，意思是说"没有更高的标准能为支持主张的论证所诉诸；从这些原则所做的成功推理就是结论性的"（135；修116）。而诸如下面这样的原则就违反了第五项，也是最后一项限制：该原则把涉及基本结构的特定争端付诸圣经的裁断，也即，付诸一套超出社会正义原则本身的外在标准的裁断。

虽然罗尔斯在此没有明言，但是效能性和终极性实质上把直觉主义排除于可接受的社会正义观之外。这一点我们可以从前面的讨论推知。请回想一下，直觉主义的一个突出特征是它接纳多个相互独立的道德原则。各个原则对种种可行的基本结构的评级结果不同，故而直觉主义排不出一个整体一贯的次序。而且，直觉主义在解决其诸多原则间的冲突时，恰恰让我们求助于我们基本的道德直觉，那就是说，求助于一个外在于那些原则本身的权威。直觉主义根本不能满足社会正义观需要发挥的功能。所以不出我们所料，自从直觉主义在§21出现在备选项清单上之后，文本中几乎不再有对它的进一步讨论；此后我们也认为它再无获胜的机会。

这样一来，留下的还有正义之为公平、效用主义、利己主义，以及另外几个备选项。接下来我们要点评一下对利己主义的几种可能的解读。一方面，我们说的利己主义可能意指某种这样的正义原则："每个人都必须服务于我的利益"或者"除了我之外，每个人都必须遵守规则"。但这些第一人称利己主义明显被一般性和普遍性这两项形式限制所排除了。即使我们不相信罗尔斯的说法，即这些要求可以从一种切实可行的正义观需满足的功能要求推导出来，这些利己主义也明显无法通过无知之幕背后的检验。既然我在原初位置上并不知道我是谁，那么就没法保证到头来是我会成为每个人服务于其利益的那个人，或可以无视规则的那个人。然而没有被形式限制排除的是一般性利己主义，它主张"每个人都被允许做他判断最有可能推进他利益的任何行为"（136；修117）。但我们无法看出这到底是不是一种社会正义观，毕竟它完全不解决争端，也完成不了这样一种观念理应发挥的其他功能。相反，罗尔斯说，我们应该把"一般性利己主义"理解为"达不成协议的状况。这是各方在不能够达到相互理解时所处的境地"（136；修118）。

我们应该注意，一般性利己主义与自由至上主义（libertarianism）完全不是一回事。自由至上主义包含一个积极的协定，即尊重并实施一系列个体权利以及一个完全自由的市场的规则。也就是说，自由至上主义等同于其第二原则取"自然自由的体制"（而非"民主的平等"）这一诠释的正义之为公平。在罗尔斯的正式备选项清单上，自由至上主义并未出现，但它应该出现；对于它的缺席，最佳的解释是罗尔斯专注于击败效用主义。但既然罗尔斯后来提出了可以有效反对自由至上主义的论证，把它包含在清单里就不会有什么害处。

我们只需再补充两个备选项，就可以完成要向原初位置上的各方出示的正式清单。第一个补充是至善论。回想一下我们之前的讨论（第3.2节），目的论的正义理论对善做了独立于正当的定义，而把正当定义为善的最大化。效用主义是把善定义为幸福的目的论理论，但如果我们把善定义为实现人的某种形式的卓越品质（艺术成就、对上帝意志的执行，等等），那么我们就会得到另一种东西——一种目的论的至善论正义理论。罗尔斯把所有至善论理论都归入这一组里，与效用主义并列，但严格来说这样并不对，因为有些至善论理论可能拒绝最大化原则。例如，某种传统的神学观念可能会把社会正义定义为：通过严格遵守指定的宗教典章来尊重上帝的意志。这会给我们提供一种至善论的，但也是非目的论的（亦即道义论的）观念。不过，在罗尔斯后面的反对至善论的论证中，这一点并非关键所在。

我们的清单上最后要补充的是一族罗尔斯所说的"混合观念"（124；修107）。这些是混搭了已讨论的各种理论中的不同元素的观念。显然，我们可以想象出随便多少种这样的混合体，不过我们会发现只有一种对于接下来论证的主线有重大意义。这种混合观念便是把正义之为公平的第二原则替换成效用原则的观念。换言之，根据这种混合观念，基本结构受制于第一原则的要求，即每一个人都应有平等的权利去享有充分足够的一整套平等的基本自由权；在此前提下，基本结构对社会和经济的不平等的安排应使幸福总量最大化。

因此，我们向原初位置上的各方最终出示的正式备选项清单大致如下：

1. 正义之为公平，其第二原则取民主的平等诠释。

2. 自由至上主义（即，其第二原则取自然自由的体制这一诠释的正义之为公平）。

3. 效用主义。

4. 至善论（目的论的，或其他种类的）

5. 混合观念，包括正义之为公平的第一原则搭配效用最大化原则而非第二原则。

如果各方无法就这些备选项中的任何一项达成一致，那么他们就只有一般性利己主义可选。罗尔斯现在面临的负担是要表明，相互冷淡的理性的人们，在置身于无知之幕后的原初位置时，会选取第一项而不是其他项。

还有一点需要指出。以上每个备选项，其表述都使它"是无条件成立的，即不管在什么样的社会环境和状态里都成立。这些原则都不依附于特定的社会条件或其他条件"(125；修108)。换言之，我们看不到有这样的观念提出来："若我们的社会是经济发达的则取正义之为公平，其他情况则取效用主义"；或者"若我们的社会信奉新教则取正义之为公平，若信奉天主教则取至善论，其他情况则取效用主义"。为什么不允许有这样的有条件的观念呢？罗尔斯指出，一个显然的理由是，要让讨论保持适度简单的程度就必须排除这类可能性。不过更深的理由是，有条件的观念真正说来是变相的无条件的观念。假设我们问，正义之为公平为什么适合发达的社会，而不适合不发达的社会。想必，如果这个有条件的观念具备某种并非任意的（nonarbitrary）依据，那么这个问题一定可以在某个更高的一般性层面得到回答。例如，这是因为真正重要的是个体的基本利益，而最符合这些利益的，在一个环境下是正义之为公平，在另一个环境下是效用主义。但"真正重要的是个体的基本利益"这一点本身其实是一种无条件的观念，所以应该把它加到我们的清单上，与其他观念并列。因此，表述为一束相依命题（contingencies）的观念的困难在于它们"隐瞒了它们的真正依据"（125；修108)。只有以直接的、无条件的形式规定下来的观念才属于这份清单。

研读问题

1. 从效能性和终极性出发摒弃直觉主义，这是否公允？是否可能有某个修正版本的直觉主义能够充当一种可用的社会正义观？

2. 这份备选项清单是否堪称完整？还有何种意义重大的正义观应该得到各方的考虑？

3.8 论证正义之为公平（§§26-30、33）

终于，我们来到文本的核心部分，即对正义之为公平的两原则的正式论证。在§26的开头，罗尔斯先是进行了一段简短的、非正式的推理，这段推理可以自然地引导我们到达正义之为公平的大致想法。这为接下来的详细推演做了铺垫。

请想象一个理性人身在无知之幕后的原初位置上。他会选择在什么样的社会里生活呢——假如他不知道他在这个社会中会有怎样的角色？我们的第一个直觉是他无疑要选择一个完全平等主义的社会。他的处境类似于第2章描述的过世牧场主的第一个儿子——就是被吩咐去把父亲的牛群分成两批的那个儿子。如果这两批牛相差悬殊，那么第二个儿子就只需选较好的那一批，所以，第一个儿子若想为自己做最好的打算，就要把两批牛分得一样好。与此相似，在不知道自己在社会中将有何种角色的情况下，原初位置上的一个理性人无法必然地"期望在［得益］分配中得到比平等的份额更多的一份"；又由于"同意（比平等的份额）较少的一份对他也是不理性的"，因此对他来说看上去"妥当的做法"就是以一条"要求一种平等分配"的原则作为起点（150；修

130）。[10] 但这样一来，请考虑表 3.7。

表 3.7

公民	备选的基本结构				
	Ⅰ	Ⅱ	Ⅲ	Ⅳ	Ⅴ
群体 A	10	21	28	36	39
群体 B	10	17	22	25	21
群体 C	10	14	15	14	10
群体 D	10	12	13	11	8
群体 E	10	11	12	9	5

我们想象其中各列数字代表各个备选基本结构之下的每个公民群体中的普通成员能预期收到的一笔基本益品；为论证之故，我们可以假设这五群人所代表的社会阶级的规模大体相等。基本结构Ⅰ或许代表一个完全平等主义、社会主义的社会。一个原初位置上的人会在所有选项中最偏好Ⅰ吗？也许不会。请比较这一选项与基本结构Ⅱ，后者或许代表一个大体为社会主义，但引入了一些基于市场的改革的社会。这些改革鼓励了创业活动；这样一来，虽然现在基本益品的分配上有了一些不平等，但是大多数个体都可以预期自己的那一笔基本益品多于完全平等主义社会中的那一笔。因此，一个严格理性的人——比如说，一个不受妒忌心所苦的人——身在无知之幕后的原初位置上时，无疑会在Ⅰ和Ⅱ之间偏好后

---

10 当然，严格地说，这个结论仅当他做如下假定时才能得出：就像过世牧场主的第一个儿子那样，他会得到最后的（因此想必是最差的）一份。罗尔斯描述的无知之幕并不真的担保这一假定，因为它只阻止原初位置上的人知道哪一份是他们的。稍后还会更多地谈到这一点。

者，因为，不论他最后成了哪个群体的一员，他都可以在整体上预期得到较大的一笔基本益品。"如果有一种［……］不平等可以使每个人的状况都比初始平等这一基准状况要好，"罗尔斯问道，"为什么不允许这种不平等呢？"（151；修130-131）很容易看到，同样的推理会使原初位置上的理性的人们偏好Ⅲ甚于Ⅱ和Ⅰ。基本结构Ⅲ或许代表一个混合式资本主义社会（mixed capitalist society），它有相当强健的社会福利计划，以及累进的税收结构。

但接下来请考虑基本结构Ⅳ，它或许代表一个纯资本主义社会，这个社会没有任何社会福利计划和累进税。根据我们熟悉的常规经济学理论，纯资本主义社会是整体上最具经济生产力、最富足的社会。所以第四列的基本益品总量比其他各列都大。（基本结构Ⅴ或许代表一个财阀社会，其中的政治与社会制度尽可能对富人有利，但产生的生产力总体上低于纯资本主义。）如果我们的目标单纯是让社会产出的基本益品总量最大，那么我们会选择基本结构Ⅳ而不选择Ⅲ。但这是人们从原初位置的视点上看会采纳的做法吗？罗尔斯认为这不是。虽然这样的社会产出的益品总体上更多，但是最不利群体过得较差；实际上，在基本结构Ⅳ之下，社会中后五分之三的人的状况都不如他们在基本结构Ⅲ之下的状况。因而罗尔斯认为，在原初位置上，选取Ⅲ——最大化最不利群体前景的基本结构——是完全妥当的。这（非常粗略地）对应正义之为公平这一推荐选项。

罗尔斯说，这些非正式评语仅仅提示了"两个原则至少是一种言之有理的正义观。然而，问题是我们如何更系统地论证它们"（152；修132）。这是第3章后一半，即§§26-30承担的重任。这几节在全书中是最重要的，大概也是最难的。其难度一部分源于文本中没有明言的一点，即论证的主线真正来说有两个不同的阶段，读者必须自己将其梳理清楚。另一个难点在于论证的主线中又杂糅了一段附带讨论，即对"人均"版本与"古典"版本的效用主义的选择。而这段附带讨论最终并不如罗尔斯以为的那样意义重大。下文对文本的重构力图减少这些令人迷惑之处，从而以最有说服力和吸引力的面貌呈现他的主要理路。

3.8.1 从基本自由权出发的论证

对罗尔斯的论证的一种思考方式是想象一系列的一对一比较，比较的一方是正义之为公平，另一方是它的各个竞争者（它们来自之前讨论的备选项清单）。如果我们把清单上每个可能的配对都尝试一遍，而正义之为公平每次都胜出，那么我们就论证完毕，正义之为公平将获得成功。最重要的一对一比较，自然是在正义之为公平和效用主义之间的比较，所以罗尔斯从这里开始。

第一个比较，总体上以罗尔斯所说的"基本自由权"（basic liberties）的价值为转移。我们可以回想一下，想象中，这些自由权被明确列在一份清单上，其中包括诸如言论与集会自由、宗教自由和良心自由等自由权。正义之为公平无条件地给予每个人平等的基本自由权，如其第一原则所述。效用主义则不是这样。这不是说，在被效用主义规制的社会里没有这样一些权利和自由，只是说，我们的权利和自由将取决于我们这个社会具体的社会和历史状况。比如，在某些状况下，被迫成为奴隶的不幸福实际上远大于拥有奴隶的幸福。若是这样，效用主义制度就会让我们的自由免受奴隶制损害。再比如，在某些状况下，某些人从压迫宗教少数群体中得到的快乐，也许实际上完全不够补偿那些少数群体受压迫的悲惨。若是这样，效用主义制度就会保护我们的宗教自由。诸如此类。在一个由效用主义规制的社会，只要可以预期对特定的权利和自由的制度化在考虑到这个社会具体的社会与历史状况时，会使幸福总量最大化，那么在这种情况下，公民就会享有这些权利和自由，但若无法预期它会使幸福总量最大化，那么公民就不享有这些权利和自由。

因而，我们可以很清晰地把我们面前的问题陈述为：从无知之幕背后的原初位置的视点看，何种正义原则是一个严格理性的人会偏好的？是无条件地保证平等的基本自由权的原则（正义之为公平），还是仅在可以预期平等的基本自由权会使幸福总量最大化的限度内提供此等权利的原则（效用主义）？

无知之幕背后的原初位置上的人们既不知道他们这个社会的具体状况，也不知道他们在这个社会中的位置，所以他们必须把这视为一个不确定局面下的选择问题。通常，对待不确定性的妥当办法是计算期望的损失与收益，并挑选期望收益最大的选项。例如，假设我们要做一个选择：一个选项是确定地拥有 10 元钱；另一个选项是有 p 的概率拥有 1 000 元钱，不然就什么也没有。这种情况下，如果 $p>10/1\,000$

(即 0.01），选择赌一把就是理性的。不过，这不总是最好的办法。具体来说，罗尔斯主张，对待某些特定种类的不确定局面，最为妥当的办法是实现最小值最大（"最大化最小值"［maximin］）——挑选其最坏情况尽可能好的那个选项。这两种办法的不同点可以借助表 3.8 来说明。假设我们预期，不论我们选哪个选项，每个选项中的各个可能结局的概率是相同的。按我们通常对待不确定性的办法，选项 A 看起来是最佳选择，因为它的期望收益为（50+14-10）/3=18 元，比其他选项都大。相比之下，最大化最小值法会指示我们选取选项 C，因为它的最坏结局（数值为 9 元）好于选项 A 的最坏结局（数值为 -10 元），也好于选项 B 的最坏结局（数值为 8 元）。本质上，最大化最小值是对待不确定性的风险最小化路径。

表 3.8

	可能的结局（单位：元）		
选项 A：	-10	14	50
选项 B：	15	8	10
选项 C：	9	10	10

我们什么时候应该采用这种办法，而不采用通常的办法呢？罗尔斯提到，采用最大化最小值法较为妥当的局面有三个特征，或者说三个条件：第一，我们对不同结局的概率进行估计的依据很少或不存在；第二，我们对高于我们能保证的最坏结局的收益赋予很小的价值或不赋予价值；第三，有些可能的坏结局坏得无法接受。罗尔斯并不认为所有不确定

局面都具有以上特点，这样的局面甚至不占多数。但他在§26的确主张，"原初位置把最大化最小值规则的这些特征显示得再充分不过"（153；修133，在此他把这一点软化为"在相当高的程度上具有这些特征"）。[11]

关于第一个条件，有两种不确定性需要考虑。第一种不确定性关乎你的社会的特定状况。例如，很有可能但未必确定的一点是，在你的社会里，奴隶制实际上不会增加幸福总量。第二种不确定性关乎你在这个社会中的位置。如果这个社会将会有奴隶制，那么你就会有一定概率是奴隶，有一定概率不是奴隶。按照罗尔斯的说法，"无知之幕排除了一切［……］有关可能性的知识"，所以，"各方没有判定他们的社会的可能性质及他们在其中的地位的任何依据"（155；修134，此版略有改动）。可惜这个陈述不过是断定了罗尔斯需要证明的观点，而§26中似乎缺少对这一点的证明。既然原初位置的各方可以有一般的社会科学知识，那他们怎么会估计不出相关的概率呢？

在后文§28中，罗尔斯的确提出了一些考虑，但那些考虑几乎没有为他的主张提供什么支持。第一，他提出，既然缺少了有关你的社会的确切知识，那么最合理的做法便是给所有的可能性赋予相等的概率（168-169；修145-146）。可这非但不会给我们一个采用最大化最小值法的理由，反而提

---

[11] 请注意，如若下文的论证是周全的，那么可以说，一个原初位置上的人仿佛是在为这样一个社会选择原则："在这一社会里，将由他的敌人把他的地位分配给他。"（152；修133）如此刻画此类选择场景的做法在他的理论的更早版本中较为突出（如 Rawls 1958: 54），而在《正义论》中被淡化了。

供了一种手段，使我们可以在缺少更详细信息的情况下，坚持使用通常的办法计算期望的收益和损失；此外，这种做法只有在最坏结局（成为奴隶）的概率在现实中远小于给各个概率赋予等值所表示的情况时，才对正义之为公平有利。第二，罗尔斯指出，原初位置上的各方不知道他们的特定的善观念，所以他们说不准自己会如何比较和评价诸如做奴隶的不幸福和不做奴隶的幸福之类的事情；因而，各种有待考虑的结局的期望值是未定的（173-175；修150-152）。但是这个说法也令人迷惑，毕竟期望的收益和损失无疑可以按照基本益品来计算，并且引入基本益品正是为了用在原初位置上，因为在这里不允许拥有关于一个人特定的善观念的知识。

因此，就第一个条件而言，罗尔斯没有站在他最稳固的立场上。所以并不意外的一点是，在日后阐述论证时，第二个和第三个条件更为突出（如 Rawls 2001: 97-104）。在《正义论》中，依赖后两个特征的论证在§26中只是得到了模糊的勾勒；§33的讨论清晰得多，此处我们可以用这段讨论来说清他的基本直觉。回想一下，第二个条件是，我们对我们确定能达到的高于最佳结局的收益赋予很小的价值或不赋予价值；第三个条件是，某些可能的坏结局坏得无法接受。就第二个条件而言，正义之为公平凭借其第一原则，为所有人无条件地保证了平等的基本自由权。我们可以很妥当地认为这个结果完全不坏。当然，如果牺牲一部分人的基本自由权，我们或许会得到（超出基本自由权的）额外效益，但与基本自由权本身的极大重要性相比，这些额外的效益并不会明显提供多少有价值的东西。不过关系更大的是采取效用主义会带来的巨大危险（这里凸显的是第三个条件）。且不说沦为奴隶的可怕前景，请回想一下，原初位置的各方都知道他们持有特定的善观念——他们有"绝不会任其处于危险之中的道德、宗教或哲学的利益"。然而，他们不知道他们特定的善观念是什么，也不知道这类观念在他们这个社会中的分布——"例如它是占多数还是占少数"（206；修180-181）。假设我们最后在一个总体上信仰异教的社会中成了一名基督徒；偏好的净值也许（根据效用主义的理由）偏向压迫基督徒，而这对我们来说会是一场灾难。那么，既然还有正义之为公平提供的保障作为备选项，我们何必冒这个险呢？罗尔斯甚至说："以这种方式来冒险也表明了一个人是在不严肃地对待他的宗教和道德信仰。"（207；修181）

但是，假设原初位置上的某个人情愿接受上述危险——也许是因为他假定自己十有八九会最终成为多数人的一分子。那么他接下来必须考虑到，社会的偏好概貌容易随时间推移而变换。在这方面，请回想，我们假定各方不仅关心自己的利益，也关心后代的利益；所以，"他们对原则的选择应当在［……］他们的后代看来是合理的，因为后代的权利将深受"原初位置上的决定的影响（155；修134）。即使我们这位赌徒最终在一个异教徒占多数的社会里成了一名异教徒，可若偏好的净值后来转而偏向基督徒，那么他是异教徒这一点就不会让他的后代有多么安心。请回想，原初位置的各方必须充当他们后代利益的受托人。我们这位赌徒如果"不

[……]保障后代的权利",他就是"不负责任的"(209；修183),尤其是考虑到他无法肯定他的儿女和孙辈的特定利益可能是什么。

与效用主义不同,正义之为公平无条件地固定并确立平等的基本自由权,而不考虑社会在当下或未来的特定状况。罗尔斯相信,无疑,"各方将比较喜欢直接保证他们的自由权,而不是使其依赖于"关于他们那个社会特定状况的"那种可能是不确定的、猜测的精算"。即使我们推测,社会中的偏好净额总是会出于实用性的效用主义理由而偏向于授予人们平等的基本自由权,但是,

> 人们一劳永逸地互相宣告的做法仍有一种真正的优势[……]他们本就不希望事情不是这样。由于在正义之为公平中道德观念是公共的,对两原则的选择事实上就正是这样一种宣告。(160-161；修138-139)

也就是说,在采纳正义之为公平之际,我们实质上是作为一个社会在宣告,我们从来就不希望偏好的净值偏向于奴隶制,或偏向于压迫宗教少数群体,等等。这种公共的宣告代表着各方的一个协定,即永远把彼此视为平等的公民而互相尊重。

很多人觉得从基本自由权出发反对效用主义的论证十分令人信服。如果我们也被说服了,那么罗尔斯就成功完成了他的主要任务,即表明正义之为公平相对于效用主义的优越性。在§§27-28,他力图进一步扩展、支撑他的成果,不过他借助的论证较为混乱,涉及他所说的"人均的"与"古典

的"效用主义之间的差别。由于他在这方面的讨论对他的论证没有多少补益,我们简要总结其主旨即可。大致说来,罗尔斯指出,我们相当依赖的那种对效用主义的传统表述在一个特定问题上存在歧义。他认为这种歧义在原初位置上凸显了出来。它是这样一个问题:当我们力图最大化幸福总量(其中同等地计入每个人的幸福)时,我们所要计算的果真是所有可能生活的人的幸福之和吗?比方说,我们现在面临在如下两个基本结构之间抉择的情况:在基本结构Ⅰ中有十个人,每人享有十单元的幸福;在基本结构Ⅱ中有二十个人,每人享有六单元的幸福。罗尔斯称,从原初位置的视点看,我们当然会偏爱Ⅰ甚于Ⅱ,因为十单元当然比六单元好。如果是这样,我们就并不真是在使幸福的总量最大化——总量还是基本结构Ⅱ比较大——而是在使幸福的人均量最大化。

实际上,罗尔斯这里的推理不尽周全,除非我们做一个我们没有充分理由去做的假定,即假定原初位置的各方相信自己是两个基本结构之下都存在的十个人里的一个人,而不是只在基本结构Ⅱ之下才存在的十个人里的一个人。我们应该依据什么做出这样的假定?这样的疑问引发了有关人口政策的复杂问题,最好留待后面讨论代际正义时再谈。眼下,我们指出这方面的疑难其实是离题的就够了,因为无论取效用主义的哪种可能表述,在原初位置上的选择都会是正义之为公平,而非效用主义。

3.8.2　承诺压力论证

到这时候，罗尔斯似乎可以宣称自己在与效用主义的对战中获胜了。这毕竟是他撰写《正义论》的主要目标。然而有些读者可能会感到失望。例如，直到现在我们都还没有谈到差别原则，而正义之为公平最初令人觉得有趣、有争议的部分或许正是这一方面。

更糟的是，如果我们采纳 §26 为正义之为公平提供的最大化最小值论证，并试图特别地将其用来支持正义第二原则，那么我们的失望一定会加重。回想一下，第二原则的设置是为解决基本自由权之外的社会与经济益品的分配。有了原初位置上准许拥有的一切社会科学知识，不难想象，对于各种不同备选经济体制对应的长期收入分配情况，各方将能建构出合理的估计。此外，与基本自由权的价值不同，其他社会与经济益品的价值大体是在一个相当大的中间区间中连续变动的。在这个区间中不存在某个特定的阈值水平，使高于该阈值的益品所增加的价值甚少，而低于它的益品却带来灾难。当然，我们可以想象一种极富状态，富到不在意能否再多拥有一些，也可以想象一种极贫状态，一种严重到令很多人想不计一切代价避免的贫穷。但在这两个相隔遥远的极端之间，原初位置上的各方大概可以认定，多一些社会与经济益品就是比少一些好。考虑到这几点后，各方在涉及正义第二原则的商议上就不太可能采取最大化最小值的选择方法，除非也许我们假定各方在一个高得不太可信的程度上厌恶风险（Barry 1973: 87-96；

Roemer 1996: 175-182），而罗尔斯也明确否认他的理论依赖这样的心理学假定（172；修149）。[12]

这样一来，我们目前的状况是怎样的？眼力好的读者现在可能已经发觉，这个论证还说不上失败，只是不完整罢了。我们之前曾对罗尔斯的论证有过一个刻画，即这一论证分为几个不同的步骤，每个步骤都是一对一的比较，比较的双方是正义之为公平和它的一个竞争者，而这种刻画在此对我们的理解大有助益。到现在为止，我们只考虑了一个比较，即正义之为公平与效用主义的比较。这第一阶段的论证既已完成，我们现在便可进到第二阶段。这第二阶段最好被刻画为另一个比较，比较的一方是正义之为公平，另一方是自由至上主义或者一种混合观念（特别是由效用主义与一项基本自由权限制组合而成的混合观念）。请注意，现在所有相竞争的观念都具有了某种类似正义之为公平的第一原则的东西，所以都无条件地保证了平等的基本自由权。由此可见，第一阶段提出的所有考虑都与第二阶段无关。相反，第二阶段的论证将必然有赖于正义之为公平的第二原则特有的优点。对第二原则的明确论证主要出现在§29，在该节，罗尔斯没有提到之前所倚重的最大化最小值论证。

不出所料，很多读者在罗尔斯的论证结构问题上被误导了。首先，文本上完全显示不出主论证其实分为两个不同阶

---

[12] 罗尔斯在基本自由权论证中并没有声称人们是厌恶风险的，而是声称，在某些特定条件下，他们应该是厌恶风险的；他的声言是关于理性（rationality）之本性的，不是关于人类心理学的。现在的困难在于，要求的条件在涉及第二原则时明显不适用。

段。(在后来的文著中,乃至在《正义论》修订版前言里,罗尔斯都承认他的论证本该这样呈现。)况且,虽然第一阶段聚焦于保证基本自由权的重要性,但这一阶段的论述却从未明确限于这个话题(除了在§33),实际上,其呈现模式也常常暗示他对正义两原则的考量是一并进行的。最后,最为令人迷惑的是,最大化最小值选择法与差别原则这两者在形式上的相似性(前者关注不确定局面下的最坏情形,后者关注社会最不利成员的前景)几乎肯定最终会使这两者在最敏锐的读者以外的所有人心中被紧密地联系在一起,尽管罗尔斯在修订版中针对这个错误补充了一条简短的警示(修72)。在日后对正义之为公平的论证中(如 Rawls 2001: 94-97, 119-120),罗尔斯致力于处理这些误解。

那么罗尔斯究竟是怎样给出正义之为公平的第二原则的理由的?首先,我们要回顾一下前面所做的一些有关原初位置上的各方之理性的假定。请回想,严格理性的个体不仅会考虑其直接的短期收益或损失,也会考虑采取某一种而非另一种正义观可能产生的更长期的效应。这包括考虑这样一个问题:在无知之幕被揭开,正义原则被实施以后,人们是否还能坚守在原初位置上达成的协定。采取长期视角的各方"不可能订立那些可能有不可接受的后果的协定",故而他们"将避免那些只能很困难地坚持下去的协定"(176;修153)。罗尔斯把这种长期考虑称为"承诺的压力"(strains of commitment)。其大意无非是,在比较备选的正义观时,由于承诺的压力会增加他们的协定最终破裂、原初位置上的辛劳化作泡影的机会,因此他们不希望承诺的压力太大。在评估承诺的压力时，基于我们所能得到的最充分的心理学知识去想象普通的男男女女会怎么看待他们这个社会的基本结构，这是完全可以允许的做法。我们现在考虑的是真实的人，不是理想化的原初位置的各方，换言之，我们现在考虑的人们有着各式各样的瑕疵、情感、相互依系等。普通人的社会心理可能会支持某一些原则而反对另一些原则。

从这个角度出发，我们来考虑一种混合的社会正义观，它把差别原则换成效用最大化原则；或者考虑自由至上主义，它把差别原则换成一种自然自由体制。（请注意，虽然罗尔斯在§29 的论证对两者都起作用，但它不是这样陈述的。明面上看，混合观念直到第 5 章才明确地得到了考虑，而自由至上主义完全没有得到考虑。）我们暂时回头看看表 3.7，想象这几列里的数字代表不同的基本结构配置下的——比如说不同经济体制下的——一笔笔社会与经济益品。假设在其他条件相同的前提下，一般而言，幸福是有关益品份额的线性函数，那么我们可以得出，效用主义会挑选基本结构Ⅳ，因为其中的幸福总量得到了最大化。但请注意，有些人在这一体制下的状况相当差。我们必须考虑的是，这些状况较差的人是否还会毫不在意地坚信效用主义。"对社会体制的忠诚可能要求某些人，尤其是那些处于不利地位的人为了更大的善而放弃自己的利益。"罗尔斯说。

这样，这一计划就不会是稳定的，除非那些必须做出牺牲的人强烈地认同比他们自己利益更宽泛的利益。但这是不容易发生的［……］正义原则适用于社会体制的基本结构和对生活前景的决定。而效用原则所要求的正是一种对这些前景的牺牲。要我们把别人的较大得益接受为一种充足的理由，以证明对我们自己的整个生活过程的较低期望是正当的，这确实是一个极端的要求。事实上，当社会被设想为一种旨在推进其成员的善的合作体系时，以下情况看来是令人难于置信的：一些公民竟被期望（根据政治的原则）为了别人而接受自己生活的较差前景。（177-178；修155）

说白了，效用主义会对社会最不利成员说类似这样的话：你命数不好，我们对此很遗憾，但你的不幸福使得他人能够幸福得多，而且他人的幸福大于你的不幸福——你至少应该为此感到宽心吧！考虑到我们对普通人的社会心理的了解，人们对这种说辞很可能不买账。别忘了，我们这里所谈的是由自然才华博彩和社会基本结构所决定的总体生活前景方面的最不利者。有些人不幸福，是因为自己做了糟糕的人生选择，对这种人的抱怨不予理会也许比较容易做到。真正难的是应答那样一些人的抱怨：他们甚至在一切人生选择之前的起点上就落后于人了。这种非自愿的劣势怎么能够得到辩护呢？最不利者不太可能被效用主义的论证打动。所以，如果我们在原初位置上选取效用主义，承诺压力会非常高。

如果我们采取自由至上主义的社会正义观，事情并不会变得容易。虽然罗尔斯没有展开他的想法，但是据很多读者看，类似的考虑也明显适用。自由至上主义者一样可能会挑选表3.7中的基本结构Ⅳ——不是因为它恰好最大化了幸福总量，而是因为一个纯资本主义社会最接近自然自由理想的体制（见第3.4.2节）。但我们还是要向社会的最不利成员为他们会面临的一切非自愿劣势辩护。在一个自由至上主义社会，最不利者实质上会被告知说，他们的生活前景被削减是一个必然的结果，其原因在于我们允许更为幸运的其他人在自然自由体制里利用自身天赋和其他结构性机会最大化地获取个人收益，而最不利者应该为此感到宽心。这大概同样不能让人买账。自由至上主义的承诺压力之高，与效用主义一般无二。

然而，针对承诺压力的质疑，反对正义之为公平的聪明人似乎可以如此回应：何不给人们洗脑呢？比如说我们假设，最大化幸福总量的最有效方式其实是把正义之为公平的两原则当作一个有用的虚构予以引入。那么，社会中的每个人都会被告知自己有不可侵犯的基本权利，并应力图最大化最不利群体的前景。他们会相信，正义之为公平是他们这个社会官宣的社会正义观，但实际上，这一观念只是作为实现效用主义的计策而被引入的。类似地，我们可以想象一些更为险恶的宣传（虽然罗尔斯未如此想象）：我们可能会采取效用主义的原则，并为减轻承诺压力而编造出某种说法，声称牺牲最不利者的利益对于人类的进化发展是有必要的；我们也可能会采取自由至上主义的原则，并为减轻承诺压力而编造出某种说法，声称上帝授予的自然权利必须不计代价地得到尊重。幸好罗尔斯对这种伎俩早有准备，提醒我们"绝不要忽视公共性的条件"。原初位置的各方承担的任务，是挑选出一些原则来充当他们那个社会的公共的社会正义观。比如说，如果谁都不知道效用主义才是真正为基本结构辩护的观念，那么效用主义就不是真正公共的正义观。公共的正义观是在那个社会被实际用来解决争端、指导公共政策的正义观。"不管出于什么缘故，如果对"某种社会正义观的"公开承认"会产生过大的承诺压力，那也"没有办法绕过这一障碍"。这是在原初位置上选取那种观念的"不可避免的代价"，因而是反对那种观念的重要论据（181；修158）。人们理应能够知道他们社会的基本结构是其所是的真正缘由。

采取差别原则的正义之为公平，在承诺压力方面并不面临这样的困难。在差别原则推荐的基本结构之下，固然一定会有社会与经济益品分配上的不平等，但是差别原则已经确保这些不平等所起的作用符合每个人的利益，并且对社会的最不利群体尤其有利。那么，从表3.7中的群体E的角度看，基本结构III所给予他们的是他们所能期望的最佳的总体生活前景。原初位置的各方对差别原则的采纳实质上是同意把社会视为一个基于互报（reciprocity）这一价值观的合作体系："通过使不平等的安排适合于互利的目的，通过避免［……］利用自然和社会环境中的偶然因素，人们在他们的社会的构成本身之中就表达了相互的尊重。"换句话说，正义之为公平展现出我们"相互不把对方仅仅作为手段，而也作为自在的目的来对待的意愿"（179；修156）。这当然就是康德的人性公式。此后，罗尔斯还会更加明确地把他的理论与康德的道德哲学联系在一起。

罗尔斯对正义之为公平的论证的第二个主要阶段到此就完成了。当然，还有许多工作要做。首先，他还没有明确比较正义之为公平和至善论；这一比较推迟到了第5章的结尾。或许更重要的是，尽管罗尔斯为正义之为公平的两原则分别提出了论证，但如何为两原则之间的严格的词典式次序辩护，他只是做出了简略的示意。大致来说，他认为，一俟无知之幕揭开，原初位置的各方会理性地希望保留反思和修正其基本目标和承诺的机会（修131）。因此，只有当条件"不允许有效地确立这些权利时"，各方才会"接受对这些权利的限制"，即便如此，也"只能在它们"长期来说"是开创一个自由社会的必要条件的范围内"接受这些限制（152；修132，此版略有改动）。[13]然而，对词典式次序的真正论证被留到了很久以后。[14]不谈这些细节，仍然可以说，《正义论》的明显最重要也最有影响的方面就是我们在此已经述评过的对两原则的原初位置论证。

在第3章的最后一节，罗尔斯回到了效用主义的话题。这些思考也许是为了让人想起先前在两种相竞争的主要社会正义观之间所作的对比（在§§5–6和§§16–17）。正如我们所看到的，在原初位置上，无知之幕后的严格理性的人们会

---

13 这个让步的措辞有些隐晦，对此，罗尔斯在《正义论》第二编的多处做了展开论述：见本书3.9、3.10节。
14 具体来说是留到了第9章§82。在那里他表示，原初位置的各方会认识到，随着经济和文化的发展，满足急迫的物质需要的压力减轻，基本自由权的相对价值一定会最终占据支配地位。唉，就算这个观察是对的，也并不切题（Hart 1973: 249-252）。在后来的著述中，罗尔斯尝试补上这里缺失的对优先性的论证（尤见Rawls 1993: 310-340）。

拒绝效用主义，而选择正义之为公平。这向我们说明了效用主义观念的何种性质？它首先向我们说明，作为社会正义理论的效用主义所能具备的一切可信性都必须有一个完全不同的来源。例如，它必须建立在一种非常不同的社会观上。效用主义不是从内部看社会，不是将其看作公民平等相待、相互合作的公平体系，而是从外部，如同一个不偏不倚的旁观者那样看社会。从这样的角度去看，似乎没有理由不用一个人的较大幸福置换另一个人的较小幸福。实际上，不这样做也许才显得不理性。然而，根据罗尔斯的观点，"效用主义［……］没有认真对待人与人之间的区分"（187；修163）。换句话说，它没有尊重这样一个事实，即每个人的生命对他或她来说都有独特的价值，这份价值不能每到抵不过他人利益时就被随随便便牺牲。许多读者觉得，这有力地表达出了效用主义的根本错误。

研读问题

1. 站在原初位置的角度上看，采取效用主义而非平等自由权原则是不理性的吗？

2. 一个社会若无法向最不利者辩护其基本结构，只能诉诸宣传或有用的虚构来减轻承诺的压力，它是否有什么弊病？

3.9 正义社会的制度（§§31–32、34–39、41–43）

《正义论》的第二编名义上谈的是制度。据罗尔斯说，这一编旨在"说明正义原则的内容［……］为此，我将描述一个满足正义原则的社会基本结构，并考察正义原则所产生的责任和义务"（195；修171）。然而，与我们实际发现的相比，这个说法有些误导性。例如，第6章只非常间接地涉及了制度（我们后面将看到这一点）。更引人注目的是，第4章和第5章的讨论非常抽象，并且在一些重要的方面，罗尔斯所给出的建议很不明确。我们翻遍这两章也找不到我们或许一直期待的东西，那就是一张可以用来设计或改革美国这样的真实社会之制度的详细蓝图。

对此的解释是，与初看上去的表象相反，我们并没有离开原初位置。虽然对正义之为公平的原初位置论证的最著名也最重要的一面出现在《正义论》第3章，但是论证并未在那一章真正完成。诸如"原初位置上的人能接受的唯一原则"（207；修181）或者"从原初位置的观点来看"（217；修191）这类说法，仔细的读者一见其在第4章重新冒头，就会开始感觉论证还未完成；等到罗尔斯大概在第5章中间位置开始修正正义之为公平的原则，在对原则进行详细展开的过程中引入新的优先性规则时，此前存留的疑虑应该都会消除了。第5章余下的部分则针对其主要竞争者，（最终）完成了对正义之为公平的辩护。

罗尔斯对制度的明确讨论（主要在第4章，以及第5章前三分之一）意在起到什么作用？大致可以做如下解释。请回想，原初位置的各方被设想为严格理性的。这首先意味着，我们应该假定他们会充分考虑他们选取的社会正义原则是否具有现实的可实施性。例如，他们可能拒绝实践中完全行不通的原则，即使这些原则从理论上说很有吸引力。当然，各方既然仍在原初位置上，就无法去规定这样那样的特定政策或制度，毕竟，无知之幕不允许他们看到做这种规定所涉及的诸多具体事实——这些事实关乎他们那个社会的状况。他们能做的顶多是考虑A、B、C等可能状况，并推测出，如果他们的社会面临A类或B类等状况，那么他们所选定的正义原则实施起来将是什么样子。罗尔斯甚至提议了一种他们在想象这一实施过程时可以使用的框架，他称之为"四阶段序列"（the four-stage sequence）（稍后我们还会再谈这个）。但是，我们仍然在想象处于一种原初位置上的人们，他们不知道他们那个社会具体的社会与历史状况，这一点解释了此处的讨论往往具有的那种抽象而不确定的性质，也解释了对正义之为公平诸原则持续进行的修正。在前文中的一个容易略过的段落里，罗尔斯指出，第二编的目的是检验正义之为公平诸原则，为此，他将拿"它们在制度方面的后果和［……］它们对基本社会政策的蕴意"与"我们深思熟虑的正义判断"作比较，而这番检验本身也是他对这一观念的论证的一部分（152；修132）。直到论证的两个部分都完成之后，我们才会最终达到反思平衡。

前面提到，罗尔斯在§31设想了一种"四阶段序列"来推究某种社会正义理论如何得到选取和实施。第一阶段是原初位置本身：在这个阶段，人们选取基本原则，这些原则未来要充当他们那个社会对社会正义的公开说明，而人们的这次挑选是在一块无知之幕后进行的，这块无知之幕既排除关于他们个人特征的一切知识，也排除关于他们那个社会的具体状况的一切知识。第二阶段对应一场立宪会议，人们在会议上把他们在第一阶段选取的原则用作指南，为他们的社会设计一套政体和一部宪法（constitutional law）。对罗尔斯来说，这基本上意味着实施正义之为公平的第一原则——平等的基本自由权原则。为了使这种实施容易进行，我们要想象无知之幕在第二阶段已经揭开了一部分：虽然立宪会议代表仍然不许知道他们自己的个人情况，但已经可以知道他们那个社会的具体状况（其经济发展水平、地理与自然资源、文化与历史，等等）。诚然，真实的立宪会议不是这样的——参加真实会议的人当然知道很多关于他们自己、关于他们代表的政党和利益的事情——但是，即便是最聪明的宪制设计者，常常也无法预见基本政体形式的选择从长远看会如何助长或妨害特定的利益。所以说，如此设想的第二阶段并不像初看起来那么理想化。

一待某种政府与宪法体系得以确立，我们就进入第三阶段，它对应公共政策和社会经济法规的制定。罗尔斯认为，正是在这一阶段，正义之为公平的第二原则——公平的机会平等和差别原则——会得到实施。但也像第二阶段一样，立法过程的参与者受制于一块部分遮断的无知之幕。而这个假定在涉及确定普通的政策和法规而不是设计宪法时，也许就不那么现实了。实际上，鉴于在第二和第三阶段所假定的可用信息是相同的，我们也许会揣想，把这两者分开究竟有何意义。换句话说，既然我们在第二阶段的目标是借助宪法工具实施正义之为公平的第一原则，那么何不把第二原则也固定在一个正义社会的宪法里呢？罗尔斯的解释是，他认定"分工"对于处理"不同的社会正义问题"是必要的。在他看来，用"立法机关不得制定限制宗教自由活动的法律"这样的定言式的、无条件的法律形式来实施基本权利与自由是相对容易的，而实施差别原则则要困难得多，可能需要通过复杂的公共政策举措进行持续的试验和修正。此外，"当平等的自由权受到侵犯时，这常常是相当清楚和明显的"，而相比之下，"在由差别原则调控的社会经济政策那里，这种情况是比较罕见的"（199；修 174）。罗尔斯认为，由此可知，第二原则无法被有效地固定在宪法中，其实施需要一个独属于它的阶段。

第四阶段是最后一个阶段，在该阶段中，公共机构、司法体系、普通公民遵守制度并执行前两个阶段采取的政策。这个阶段当然没有无知之幕了：人人都知道自己是谁，也知道特定情形下的具体状况碰巧是怎样的。罗尔斯会在后文（第6章）讨论第四阶段。

总而言之，我们看到，罗尔斯把制度设计的一般问题——正义之为公平在主要的政治、社会和经济的制度与实践上的应用——分成两大部分，对应四阶段序列里的中间两个阶段：前一个阶段关乎一个社会的政府形式与宪制形式，后一个关乎它的社会政策与经济政策。在分别考虑罗尔斯对两个阶段的论述前，或许值得重申的一点是具体的建议常常不是立等可取的。这是因为实施的过程仍然是从原初位置上的人的观点出发想象出来的，这些人自己没有办法获得解决相关问题所需的特定信息。换言之，我们所考虑的是，一块完全遮盖的无知之幕后面的人们想象幕布开始揭开时会发生的事情，而之所以进行这样的想象是因为这可能会影响他们置身原初位置时对基本原则的挑选。从某种意义上说，在《正义论》中，我们始终没有真正离开原初位置，这注定会令很多读者懊恼。然而从积极的一面看，这意味着罗尔斯在很大程度上可以对我们碰巧生活在什么样的社会持无可无不可的观点；他的结论并未被褊狭地约束在诸如20世纪末美国社会的特定状况上。

下面，我们就先来看宪制设计的问题，即一个正义社会的根本的政治与法律制度的设计问题。据罗尔斯看，宪制设计大体来说应受两个考虑指导。第一个也是最重要的考虑是，根本的政治与法律制度应该体现平等的基本自由权，这是正义之为公平的第一原则所无条件地保证的。第二个也是附属性的考虑是，在所有满足平等的基本自由权原则的可行的宪制配置中，我们应该选取这样一种配置：我们预期它能最为可靠地产生对正义之为公平的其他目标有促进作用的公共政策，而那些其他目标就是保证公平的机会平等，以及令最不利者的前景最大化（221；修194）。在第一个考虑方面，罗尔斯进一步指出，政治和法律制度的配置有两种未能体现平等的基本自由权的可能情况：要么是给某些人赋予了多于其他人的基本自由权，要么是一般性地给人们赋予了不足的基本自由权（203-204；修178）。有了这些初步考虑后，罗尔斯接下来讨论了一些具体例子。

第一组例子在§§34-35得到讨论，这一组例子涉及宽容的限度，其意图大概是说明正义之为公平的第一原则在良心自由和表达自由方面的效力。罗尔斯这里所针对的首先是一场经年的论辩：这类自由权是否可以正当地以公共秩序之名被规管，又是否应该扩展到连不宽容的人或群体也享有——毕竟他们不会承认别人拥有这类自由权（对这两个问题，他都回答"是的"）。第二组例子在§§36-37得到讨论，这一组例子涉及政府制度的设计，说明了第一原则在政治权利与自由方面的效力。在这个问题上，罗尔斯捍卫了对政治竞选进行公共资助等做法，也捍卫了司法审查制度。他还指出，正义之为公平"没有界定一种公民身份的理想，也没有提出一种要求所有人积极参加政治事务的责任"（227；修200）。第三组也是最后一组例子在§38得到讨论，这一组例子涉及法律制度的设计，说明了第一原则在人们有时所称的法定权利或正当程序权利（legal or due process rights）方面的作用。这些权利包括如下要求：法律必须是可执行的，必须对同类情况予以同类对待，以及法官必须是独立而不偏不倚的。罗尔斯认为，大体来说，当正义之为公平的第一原则被应用在司法体制上时，会产生传统而言与法治理想相关的要求。这几节本身是有趣的，不过也相对易懂，所以我们无须在此进一步解说了。

来到制度设计的第二个一般性问题，即借助社会与经济的政策和法规来实施正义之为公平的第二原则，我们发现第5章的开头（§§41-43）有一段简短得多的讨论。它之所以如此简短，无疑是因为罗尔斯认为这些问题远为复杂，因此不太适合由一位哲学家来讨论。值得一提的是，他甚至没有试图解决一个重要的基本问题，即正义之为公平实际上推荐哪种经济体制。他的想法也许是把任务交给内行的经济学家和社会科学家，由他们去确定哪种制度和政策的配置在特定的文化和历史条件下能使最不利者的前景最大化。罗尔斯提供的是一些非常一般性的意见，旨在提示我们应当如何进行这种探究；在进行论述之际，他很大程度上依赖于其他知名的政治经济学家的工作。[15]

宽泛而言，我们不妨说有些社会的特点是生产资料大部分为公有。在这些社会当中，有些社会集中计划了经济活动的所有或大部分方面，例如生产哪些物品、生产多少、价格如何，而其他社会则把这些决定权交给市场。这前两种政治经济体制，罗尔斯分别称之为"指令型"（command）体制和"社会主义"体制。两者都与生产资料大部分为私有的社会形成对比。在后者当中，有些社会旨在成为纯粹的自由市场经济，而另一些社会则会约束市场的效应，其手段是对基本需要的公共供给、再分配税收、垄断监管，等等。这两种政治经济体制，罗尔斯分别称之为"资本主义"体制和"财产所有型民主"（property owning democratic）体制。罗尔斯称，基于正义之为公平的第一原则，指令型体制被排除：对经济的完全集中计划必将限制我们在职业、住所等方面作出选择的基本自由权。资本主义体制也被排除，依据是第二原则：这种体制没有为改善社会中最不利成员的状况作出相应

15　他的讨论尤其受惠于密尔（Mill 1848）和米德（Meade 1964）。

安排。然而，原则上说，罗尔斯认为自由民主的社会主义社会和财产所有型民主制都有可能与正义之为公平相容。在特定的社会中，面对它本身的具体的历史等方面的状况，这两种社会哪一种实际上倾向于使最不利者的前景最大化，当由专业的经济学家和社会科学家去求解。

我们应该指出，罗尔斯在后来的工作中进一步完善了他的政治经济学观点。具体来说，他感到有必要在财产所有型民主体制和纯资本主义体制之间引入第五个选项，他称之为"福利国家资本主义"（2001: 139-140）。粗略地说，这是一个总体上为资本主义的社会，该社会的公共支出保证社会成员的福祉水平不低于某个限定好的门槛。本质上讲，按照这个体制，富人会通过旁支付（side payments）来改良最不利者的处境。这不是罗尔斯的想法，所以他花了些力气来把这种体制同真正的财产所有型民主制区分开，因为在后者中，可以说，最不利者不只是被收买，而是真正被接受、吸纳到一个公平合作的体系内。他担忧的是这样一种可能性：在福利国家资本主义体制下，最不利者虽然得到一定门槛水平上的物质保障，但他们会形成一个永久的下层阶级，因而无法享有真正公平的机会平等。而在财产所有型民主制这种社会中，有专门的政策和法规来确保这种情况不会发生。

在进入我们的下一个话题前，我们还要指出一个有趣的地方，那就是罗尔斯在§39简要考察了这样一个问题：任何社会，不论处在何种状况，是否都有可能充分实现正义之为公平？特别是，是否总有可能无条件地向所有人赋予平等的基本自由权呢？（差别原则的要求或许不那么高，毕竟它只指示我们为最不利者尽最大努力；即使我们可做的事情很少，也有可能完成它下达的任务。）罗尔斯说（245；修215），通过对这两个原则进行词典式排序，"各方正在选择一个适合于有利条件的正义观，并假设一个正义社会能够在适当的时候被建立起来"。然而在不太有利的条件下，这个"适当的时候"可能会推延到很多代人之后。根本上说，词典式排序下的两项原则理应代表一个理想，需要人们长期为之努力。原初位置的各方想象出这样一个社会：这个社会一旦充分发展起来，他们就想要在其中生活。然后他们选出正义之为公平，认为它是适合这个社会的原则。与此同时，罗尔斯承认，为了"把一个较不幸的社会"改造为一个人们"充分享受"所有平等自由权的社会，放弃对平等的基本自由权原则的严格实施"可能就是必要的"。[16] 不过，任何这样的对自由的背离，都"必须可以为那些拥有较少自由的公民所接受"（250；修220）。

研读问题

1. 差别原则的实施究竟应该完全留给日常的政治程序去完成，还是应该像平等的基本自由权原则一样，由宪法的明文条款支持？

---

16 有些人注意到，罗尔斯对这一必然性的承认，实质上隐含了第三项社会正义原则的存在，该原则优先于正义之为公平的第一原则。这第三项原则要求，社会在试图充分实施平等的基本自由权之前，其经济发展程度应先跨过某一最低限度的门槛水平（参见 Barry 1973: 60-76；Pogge 1989: 134-148）。

2. 一个福利国家资本主义社会能否满足差别原则和公平的机会平等原则的要求？

3.10　完成论证（§§40、44-50）

对于正义社会中的基本结构如何反映正义两原则的问题，罗尔斯的探讨已经基本结束。到了第5章中间部分，他终于开始为他对正义之为公平的论证画上句号。然而，为了做到这一点，他必须处理第二原则的表述中剩余的一些关键的含糊之处。其中较重要的涉及我们如何权衡后代人的利益和当代人的利益；在下文，我们会比较详细地考察罗尔斯对这一复杂问题的回答。

不过，我们可以先简要指出另一个含糊之处，即我们该如何调和第二原则的两个条款——公平的机会平等原则和差别原则。通常来讲，这两个条款当然是完全相容的。这是因为，阻碍公平的机会平等的做法通常也会损害社会整体的经济生产力，从而对可用来改善最不利者前景的资源池造成削减。不过情况并不总是这样。请回想，公平的机会平等要求我们确保社会不同群体的人的总体生活前景不受人们的种族、文化、经济状况等因素的显著影响。那么在一些社会中，这一目标只有凭借大规模的教育补贴和平权行动政策（affirmative action policies）等手段才可能实现。这种种政策和制度可能带有巨大的社会成本；实际上，其成本可能高到实质上降低了最不利者的绝对福祉水平。在这样的情况下，公平的机会平等原则与差别原则是难以同时满足的。那么，哪项原则应该优先呢？

罗尔斯在 §46 考察这一问题，他回答说，公平的机会平等对差别原则应该具有词典式的优先性。换句话说，我们可以想象，公平的机会平等原则对差别原则起到一种侧面约束作用：政策和制度的设计应使最不利者的前景最大化，只要这与保持公平的机会平等相一致。[17] 如果说这看起来要求过高，那么也许我们可以提醒自己一下，罗尔斯并不认为现实中可以实现完美的机会平等（毕竟我们不愿意取消家庭这一社会制度）；因此，只要达到某种门槛水平的公平的机会平等，看起来就可以满足相关的侧面约束。幸好，在罗尔斯看来，"遵循差别原则［……］减少了那种要达到完善的机会平等的迫切性"（301；修 265）。就像在平等的基本自由权的优先性问题上一样，罗尔斯也承认，在不太有利的条件下，就连某种不高的门槛水平的公平的机会平等也可能无法充分实现；这种情况下，我们应该努力"扩展那些机会较少者的机会"（303；修 266）。

可惜，这里似乎缺少一个论证来表明这样一点，即无知之幕后的原初位置上的严格理性的人们实际上会同意两条款的词典式次序。这个论证无疑没有出现在我们期待它出现的地方，即 §46。在另外的地方，罗尔斯含糊地表示，公平的

---

[17] 这样表达两者的关系也许可以说明一个奇特之处，即在整部《正义论》中，哪怕刚刚才明确强调过公平的机会平等的优先性，正义第二原则的表述也总把差别原则放在前面；这也揭示出，此处的讨论与 §§44–45 对代际正义的讨论一般无二，后者以类似方式引入了一个对差别原则的侧面约束。尽管如此，罗尔斯后来的著述对两个条款的陈述次序一般会反映其实际的优先性。

机会平等的优先性与自尊的重要性有某种联系：被排除于重要机会之外的个体是"被禁止体验因热情机敏地履行某些社会责任而产生的自我实现感"；由于自尊的社会基础在原初位置上被视为一种基本益品，因而这些个体"被剥夺了一种主要形式的人类善"（84；修73）。然而也有人抱怨说，这并不足以确立这里所要求的优先性。原初位置上的严格理性的人们可能是这样的：他们完全认识到了自尊的价值，并在可能的情况下努力获得其基础，但他们判定，说到底，经济福祉的绝对水平对他们更重要（Pogge 2007: 120-133）。这也许是罗尔斯论证中的一个尚未解决的空缺。

3.10.1 代际正义

现在我们来谈代际正义这一难题。假设我们着手实施差别原则，该原则指示我们（在公平的机会平等的约束下）把社会的基本结构组织得能使最不利者的前景最大化。初看上去，这似乎给社会施加了一份很重的负担，重到人们无法长期承受。例如，我们在提供高额的社会最低保障（social minimum）之际，有可能抽空了本可投入研发的经济资源。那么，一个旨在满足差别原则的社会可能会越来越落后于不那么慷慨的社会，直到那些意在帮助最不利者的计划本身在经济上难以为继。如此一来，我们对当前世代的最不利者提供了帮助，却损害了未来世代的最不利者。

据罗尔斯看，我们不应该把差别原则解读为要求诸如此类的短视政策。相反，（在§45）他主张，我们应该认为未来世代的最不利成员应得一份与我们当前世代的最不利成员相平等的道德考量。按照效用主义看事物的眼光，所有人平等的道德分量被认定为公理。正如我们应该把一位农民的幸福与一位国王的幸福等量齐观，我们也应该把一个未来将要活着的人的幸福与一个今天正在活着的人的幸福等量齐观。依这种观点，一个人碰巧在什么时候活着是没有区别的。但正义之为公平拒斥效用主义看事物的眼光，所以必须以别的方式确立不同世代的平等的道德分量。自然而然，它会借助原初位置的手法实现这一点。就像我们不知道我们在社会中的角色是什么一样，无知之幕也不许我们知道我们的社会达到了什么发展阶段，即我们属于哪一代人。如果我们不知道我们碰巧生活在什么时候，我们就会自然而然地同等关注每一代人的福祉。

罗尔斯设想，这种关注会反映在他所称的"正义存储原则"（just savings principle）上，该原则对差别原则起到一种侧面约束作用（颇类似于公平的机会平等原则）。换言之，根据正义之为公平的第二原则的要求，每一代人在让自己这代人里最不利者的前景最大化之前，必须先给未来世代留出其所需的存储量。[18] 罗尔斯指出，"这种存储可能采取各种不同的形式，从对机器和其他生产资料的纯投资到学习和教育方面的投资，等等"（285；修252）。当然，事后看来，这种构想代际正义问题的方式似乎有点古板，但话说回来，罗尔

---

18 在某些经济环境下，也许正义存储原则其实并不真的会约束差别原则。这种情况发生的条件是，能使最不利者的前景事实上得以最优化的那种经济制度与政策的配置本身就是产生出了所需存储的配置。

斯写作的时候，环境保护运动尚未真正成为西方社会的一支主要力量。现在我们很容易就会看到，罗尔斯提出的问题其实普遍得多。当前世代的政策、制度和实践有无数种方式可以对未来世代的福祉产生或好或坏的显著影响，这些影响表现在诸如全球气候变化、生物多样性的维持、不可再生资源的消耗等问题上。幸好罗尔斯的讨论也可以很容易地应用在这些更广泛的话题上。不过，为了讨论的简便起见，我们在此不妨沿用罗尔斯的语言。§44处理了如下核心问题：按照社会正义的要求，每一代人的存储需要达到何种水平？

在罗尔斯看来，为了正确回答这个问题，我们必须从无知之幕背后的原初位置上的一个严格理性的人的角度来考虑。从这个角度看，事情会是怎样的呢？假设我们想象，原初位置上的每个人都不知道其本人属于哪一代。这种情况下，只有同意某种正义存储原则才是理性的做法，因为只有这样才能确保第一代人不会消费掉所有能消费的东西，而让后面几代人陷入赤贫。毕竟，成为幸运的第一代人的概率很小，你怎么会赌你就在其中呢？假设原初位置上的人们达成了类似这样的协定，那么唯一的困难是确保在无知之幕揭开后，每一代人的不同成员都会履行他们的约定。在这里，也许我们可以依靠并鼓励人类关心其后代福祉的自然倾向。

然而奇怪的是，论证并没有朝这个方向走。罗尔斯明确拒绝把原初位置的各方想象成不同世代的代表。相反，他坚持认为原初位置的各方属于同一代，尽管无知之幕不允许他们知道这一代碰巧会是哪一代。考虑到这一举动的后果——如我们下面将要了解到的——罗尔斯为此举所做的辩护如此之少，令人惊讶。在§44，他把我们引回前文第一编中的一段话，而这段话只是说，另外的方案会"深深地陷入幻想"，从而使原初位置这一手法"不再是直觉的自然向导"（139；修120，此版前半句被改为"缺少一种清晰的含义"）。这种说法不甚令人满意，不过一些罗尔斯没有提到的隐忧也许促成了这一假定。一个困难是，政策和制度不仅会影响未来世代的福祉，也会影响未来世代的组成——比如将来会有多少人。因此，原初位置上的成员身份的划定方式是不清楚的。这些成员是只包括无论我们采取什么政策都必然会活着的人呢，还是也包括所有可能会活着的人呢？这类烧脑的疑问，在罗尔斯对问题的构想下变得不相干了。

麻烦的是，若假定原初位置上的各方都是同一代人，又会引发另一些问题。这样的各方如果是严格理性的，他们会同意什么？就算他们不知道他们这一代碰巧是哪一代，但既然他们的确知道他们同属一代，他们也就知道，无论碰巧在他们之前有哪几代人，这几代人都已经存储（或未存储）某些东西，无论这些东西是什么。因而，目前可用资源的库存已经被固定，无法被原初位置上决定的事情所改变。同样，原初位置的各方也不对未来世代怀有什么希望或恐惧，后者实质上无力帮助也无力伤害他们。有了这些决定因素，严格理性的人们——理性在此被明确定义为总是偏好较多而非较少的基本益品——会决定怎么做？看起来我们必须承认，他们会决定让自己消费尽可能多的东西：他们不会承担起为了未来世代的利益而存储的义务。当然，一旦无知之幕揭开，现实中的人也许会自然地倾向于关心他们后代的福祉，这也许会促使他们慷慨地为后代进行储备。然而，这样的储备显然并不是社会正义方面的一项要求。

这个结论是罗尔斯不愿意得出的。那么他是怎样避免这个结论的？他只是像我们在上文对这个模型的讨论中指出的那样，规定原初位置的各方（颇似现实中的人）理应关心他们后代的福祉。他写到，既然"假设每一代关心自己的直接后代"，那么在原初位置上，"一个正义存储原则［……］就会得到承认"（288；修订版中本段被删去）。有人正确地指出这实属作弊。原初位置手法的全部旨趣就在于尽我们所能从非道德前提得出道德结论。因此，如下发现令我们深感不满：为了能推断出原初位置上的各方关心未来世代，我们只能事先把这一关切归给各方（Barry 1977: 501-506）。也许是因为感觉到初版论证不会令人满意，罗尔斯在《正义论》修订版中引入了一个次要的考虑。大体上说，他是给各方加上了一个额外的形式限制，即不论他们在原初位置上采纳何种原则，他们都必须"希望此前的所有世代遵从了同样的原则"（修 111；参考修 255）。

这个额外的形式限制的依据何在并不清楚。它无法令人信服地从社会正义原则理应发挥的作用中推导出来，这方面它甚至不如之前讨论的一般性和普遍性这些形式限制（见第3.7节）；它也无法被重构为完全出自无知之幕后的商议的结果，毕竟我们假定各方属于同一代。但即使不顾这些疑虑，这个要求也会失败，这与康德对定言律令的普遍法则公式这一表述的失败有相同的缘故。在这里我们要看到，新的形式要求不可能意味着各方必须选取一个单一的、对所有世代都适用的存储率,这种可能性被如下事实排除了:罗尔斯心目中各方真正会采取的正义存储原则(见下文)是可变的,会给不同的世代指定不同的比率。但这样一来,原初位置上的各方知道他们都属于同一代(而不是此前的某一代),他们似乎可以简单地希望所有世代都遵循这样一个原则——"当前世代之前的各个世代尽其所能地存储,其他的世代则如其所愿地消费"。[19] 总之,必须要说,罗尔斯其实在很大程度上并没有解决代际正义的谜题。

抛开困难不谈,罗尔斯认为原初位置上的各方会采取怎样的正义存储原则?粗略地说,他想象各方制订一份存储计划表,给每个可能的世代指定一个特定的存储率。这个比率开始较低,这样不会使较早的世代负担太重。这一点实质上补偿了他们的坏运气,毕竟他们生活在较早、较不富裕的年代。随着社会富裕起来,存储的义务也会稳步增加,但不是无限度地增加;到某个程度以后,社会将具备持久而充分正义的社会制度和实践。(从之前的论述可以推出,这基本上指的是社会的富裕程度足以实施平等的自由权和公平的机会平等,并且这两点的确得到实施。)这时,只需进行维持这一富裕水平所需的存储,而超出它的存储义务就终止了。换言之,没有某种社会正义层面的义务是以后代更加富裕本

---

19 作为类比,请想象原初位置的各方知道社会中一共有 A、B 两组人,而各方碰巧都是 B 组成员。如果他们是严格理性的,那么他们也许会采取一条规则,令所有 A 组人有义务服务于 B 组人的利益。请注意,隐去两组人的相对规模对结果没有改变作用。类似地,不论过去曾有过多少代人,只要每个人知道她自己不属于过去的世代,那么隐去各方属于哪一代人也不起作用。

身为目的的，当然，为这一目的或其他目的而进行存储总是被允许的，并且也可能得到其他根据的支持（287-288；修255）。重复一下上文谈过的一点：正义存储原则对于差别原则起到一种侧面约束作用。每一代人都理应使其最不利者的前景最大化，但这有一个限度，那就是这不应与留在原初位置上的人们同意的计划表所要求的存储量相冲突。做到了这一点，我们就履行了对未来世代的正义义务。

3.10.2　论证收尾

罗尔斯在 §46 提出了两原则的最终版本连同其种种特别的优先性规则和侧面约束，在这之后，他把《正义论》第 5 章的剩余部分用于完成对正义之为公平的论证。奇怪的是，他先详细答复了一组很多读者大概没有想到的反驳。为了理解这里发生了什么，我们不妨回顾一下我们之前关于反思平衡法的讨论（在第 3.3 节）。据设想，采用反思平衡法时，我们从我们关于某个概念——如社会正义——的深思熟虑的判断开始，然后试图构造一个理论，以稍显系统的方式解释这些判断。然而，由于我们不太可能用一个理论捕捉我们所有的初始直觉，所以我们最终必须决定坚持哪些直觉，放弃哪些直觉。例如，在构造他的正义之为公平的理论时，罗尔斯从这样一些初始直觉开始：正义比效率重要，宗教不宽容和种族歧视是不正义的，等等。经过一段漫长的阐发和修正过程，我们现在终于得出了一种让我们感到相当满意的理论陈述。如我们所预期，该陈述以令人信服且系统的方式巧妙地捕捉了这些初始直觉。

但是，就正义之为公平这一理论而言，会不会还有一些关于社会正义的貌似有理的直觉是它没能捕捉到的？的确可能有，罗尔斯在§§47—48也终于抽出时间来提及其中的一些了。例如，我们考虑这一想法："在常识里面有一种倾向，它假设收入、财富和一般生活中的美好事物都应该按照道德上的应得来分配。"（310；修273）我们也许有这样的初始直觉，即益品的分配如果不反映人的相对道德分量，那么这种分配就是不正义的：德性更高的人应得更多。现在应该清楚的一点是，正义之为公平没有捕捉也不可能捕捉这个直觉。这是因为像罗尔斯提醒我们的那样："它包含了较大成分的纯粹程序正义。"（304；修267）换言之，只要社会的基本结构从两原则来看是正义的，就应该让个体决定如何根据他们自己特定的善观念度过自己的一生。在人们可以说是遵守了游戏规则的前提下，没有什么能保证人们最终得到的益品份额反映了某种单独对人们的德性进行的衡量。此外，这样的原则是一个正义社会中永远不会施行的，因为无知之幕后的原初位置的各方永远不会同意这样的原则。他们怎么可能同意呢？毕竟无知之幕不让他们知道他们具体持有的道德价值。而没有这样的信息，他们怎么能知道他们应该采用何种尺度来衡量道德应得？正义之为公平不使用道德应得的概念，而代之以合法期望（legitimate expectations）的概念。如果一个人按正义社会的规则行事，那么无论她通过参与那些规则所界定的体系而获得怎样的益品份额，她都有正当的资格拥有这些益品份额。换言之，资格无非是体系导出的结果，不是评判体系的标准。

正义之为公平无法说明我们关于社会正义的所有初始直觉，那么，能以此驳斥正义之为公平吗？不能。讨论直觉主义的时候我们已经看到，我们的常识性直觉之间经常发生冲突。要解决这种冲突，唯一的办法是发展出一个更系统的理论来裁决各种直觉，而这正是正义之为公平所做的事。在这样的裁决下，我们那些相冲突的直觉中的某一些必定让位于另一些，对此，抱怨是没有意义的。唯一的替代选项是建立一个更好的理论。

在打消上述反驳后，罗尔斯回到他埋首完成的任务，那就是在正义之为公平与备选项清单上的竞争者（见第3.8节）之间进行一对一的比较。排在下一位的是混合观念。但罗尔斯已经在承诺压力论证中处理过混合观念了，他只是在后来的著作中才明确承认了这一点。结果，§49的讨论从头至尾都索然无味。这段讨论只草草掠过了新加的几个对这类理论的反驳，而且在这里我们必须承认，这些反驳就其本身而言（也就是说，抛开上文详细讨论过的令人信服的承诺压力论证思路来看）似乎并不具有决定性。这些反驳大多涉及一些实践困难，一些在试图实施效用原则、以其代替差别原则时我们会面临的困难。然而，道德哲学家、政治哲学家们早已了解这种实践方面的反驳，罗尔斯的讨论也没有对其他人的精辟论述作出什么补充。

到了下一节（§50），罗尔斯终于腾出手来处理至善论理论。他的论证仍然索然无味。这是因为如下之点应该是显而易见的：从基本自由权出发的论证（原本用于反对非混合的效用主义理论）同样可以对至善论提出决定性的反驳。回想一下，至善论理论的起点是一种善观念，这种观念把善视为某种特定的人之卓越——例如艺术成就、文化成就或宗教虔诚。接下来，至善论理论把正义定义为践行或增进这种善。但我们很难相信原初位置的各方竟会同意这样的学说："承认这样一种标准，实质上就是接受一个可能［……］导致宗教自由权或其他自由权的缩减（甚至导致完全丧失自由）的原则。"（327；修288）鉴于无知之幕对各方隐藏了一切关于其特定的道德承诺或其他承诺的知识，各方显然不会同意这种限制。

第5章就此结束，实际上，对正义之为公平的原初位置论证也在此结束。然而如此作结并不振奋人心。在这方面，第4章的末节（§40）好得多，它明确反思了正义之为公平与康德的道德哲学之间的深刻联系。在对这些反思加以考虑时，我们从某种意义上让讨论兜回了原点，回到《正义论》背后的最初动机。回想一下，罗尔斯的首要目标是发展出堪当效用主义的可行替代方案的社会正义理论。他意识到，在社会契约论传统和康德的道德哲学中，蕴藏着有关如何建立这种替代方案的核心洞见。

罗尔斯的社会正义理论与康德的道德哲学之间有很多恰切的链接点，其中尤为重要的一点是，（根据康德的观点）在按照定言律令行动时，我们在某种意义上自律地（autonomously）行动，也就是说，我们按照我们会给自己制定的规则行动。如罗尔斯所言，道德是"理性选择的目标"（251；修221）。这一思想在——比方说——康德的普遍法则公式中得到了表达，该公式对我们的指示是：我们愿意让什么准则成为每个人的准则，我们就要按照什么准则行动。我们之前说过，普遍法则公式中有个显而易见的严重漏洞。一个持有偏见的人，似乎完全可以愿意让每个人遵从"永远歧视少数群体（但不歧视其他人）"的准则，因为我们不妨假定，她知道她本人不在某个少数群体中。好在像罗尔斯评论的那样，"原初位置的观念克服了这个缺点。"（255；修224）无知之幕不让原初位置的各方知道各自的具体特征。这一点实质上迫使他们以正确的方式使自己的欲望普遍化：他们不知道自己身处多数人还是少数人当中，所以不得不采纳对于每个人都公平的原则。

以这种方式堵住漏洞后，罗尔斯的工作就可以立基于这里潜藏的洞见，即自律意味着我们遵照我们给自己制定的规则去行事。同样的想法在罗尔斯的理论中表达为：一个社会如果是正义的，那么它的基本结构会体现公民们在公平的条件下会为他们自己选择的社会正义原则。这样的社会将构成一个自愿的相互合作的计划——只要这样的计划有实现的可能。我们若是在公平的条件下（即在原初位置上）征求公民们的意见，那么他们自己绝不会接受效用主义的原则，因为其结果往往是单纯为了一些人的好处而牺牲另一些人的利益。这样的原则违反了康德的人性公式，这个公式告诉我们，绝不能把他人仅仅当作手段来对待。根据罗尔斯的观点，公民们不会如此，而是会采纳正义之为公平的原则。

研读问题

1. 有没有什么办法让原初位置论证处理好代际正义问题？

2. 罗尔斯是否已经成功表明，原初位置的各方会选取正义之为公平，而舍弃备选项清单上的所有竞争者？

3.11　正义与个体（§§18-19、51-59）

虽然《正义论》第二编题为"制度"，但是第二编的最后一章（第6章）却一点也不像是在直接关注制度。相反，它讨论了个体的那些关乎正义的责任和义务。这相当于某种程度上偏离了罗尔斯这部著作的主要纲领，即集中关注社会正义问题，确定何种社会与政治的制度和实践最为正义。《正义论》专论制度的一编为何会出现这段离题的论述呢？

直到进入《正义论》第6章好一阵以后，罗尔斯才真正抽出时间明确解释了这两个话题间的联系。最能说明这种联系的也许是罗尔斯特别感兴趣的一个例子——公民不服从（civil disobedience）。请回想一下，罗尔斯开始写《正义论》时，正值民权运动取得一些最重大胜利之际，而他完成这部著作时，对越南战争的抗议则席卷着整个美国。因此，公民不服从这一课题是美国人普遍牵挂的事情，也是罗尔斯本人牵挂的事情（考虑到他反对战争，并有能力影响他在哈佛大学的学生的延期服役状况）。从正义的层面说，我们在多大程度上有义务服从我们社会的制度和政策对我们提出的要求？当制度和政策明显不正义时，正义又在多大程度上要求我们不服从这些制度和政策？这些问题很重要，而且是罗尔斯写作之时无法回避的问题。因此，在讨论完社会正义原则与正义社会的制度和政策有何关联之后，试图解决这些问题是有意义的。

一如既往，罗尔斯不带感情地从理想理论的眼光处理相关议题。假设原初位置的各方最初制定了一种正义观，它大体类似于正义之为公平。我们已经看到，他们的下一步工作是推究出何种基本的社会与政治制度最能体现这种正义观的原则，而"四阶段序列"提示了做这件事的流程。在这一流程的第二和第三阶段，正义之为公平的原则被分别应用于政治制度和社会政策的设计。然而，一旦正义的制度和政策就位，就需要政府官员和公民来实施这些制度和政策。这是四阶段序列中的第四阶段。在第四阶段，个体将需要额外的原则来指导他们的个人行为。什么样的原则是适当的呢？我们可以非常粗略地说，只要制度和政策是正义的，人们就有某种义务或责任去尊重它们，但如果它们不正义，人们就没有这种义务或责任。这当然就保留了在制度或政策不正义的情况下公民不服从的可能。然而，在讨论这个话题前，我们还得处理一些疑难。

这些疑难涉及个体责任和义务的源泉。这里，我们有必要注意，一条尤为显见的通往这种源泉的路径对罗尔斯来说是不可用的。按照传统的社会契约学说，我们服从政治权威的义务来自我们对社会契约条款的或明示或默示的同意。换言之，在他们（政府官员）尊重我们权利的前提下，我们（人们）同意服从，反之亦然。因此，社会契约被认为有约束力的理由与普通契约有约束力的理由相同——都是因为我们有道德义务遵守我们本着诚意做出的承诺。这种道德义务就是我们服从之责任的源泉。然而，这条路径对罗尔斯来说是不可用的，理由很简单：他所设想的原初位置是完完全全的假想。比如说，谁都没有义务履行一份他或她假想地订立的商业合同。我们只有义务遵守我们实际订立的协定（Dworkin 1973: 16-19）。因此，必须到别处寻找我们的个体义务和责任的源泉。据罗尔斯说，找出这种源泉与找出一般而言的社会正义原则的方式相同，都借由原初位置这一手法（该论证出现在§§18-19 和 §§51-52）。在选定了适用于制度的社会正义原则之后，我们想象各方要考虑一系列可能的个体行为原则。罗尔斯认为，在他们会同意的各项原则中，有两项尤为重要：他所说的公平义务（obligation of fairness）和正义的自然责任（natural duty of justice）。[20]

公平义务大致是指一个人有义务"履行一个制度的规则所界定的他的分内之事"，条件是：第一，"制度是正义的"；第二，该人"自愿地接受这一安排的好处或利用它提供的机会促进他的利益"（111-112；修 96）。或许可以把这称为一种相对于行为者的（agent-relative）义务。换句话说，只有特定个体以特定方式与他人发生关系时，这种义务对个体才

---

[20] 请注意，罗尔斯遵从一个术语上的区分，即区分义务（obligations）（他视之为源于自愿举动）与责任（duties）（不源于自愿举动），而这种做法并未在文献中普遍流行。相应地，这里的讨论也将不强调这一区分。

有约束力。假设安德烈娅许诺给鲍勃100美元以报答他的帮助。首先请注意,如果她安德烈娅实际上拒绝了鲍勃的帮助,但鲍勃还是帮了忙,那么安德烈娅可能就不背负这项义务;还请注意,在自愿接受帮助的前提下,安德烈娅对鲍勃的义务不会因她把100美元给了卡拉而得到履行。因此,我们信守诺言的义务是相对于行为者的,因为它只存在于那些经由实际诺言而发生关系的特定人类行为者之间。根据罗尔斯的观点,公平义务同样是相对于行为者的。如果某个群体为了合作获取收益而采用了一套制度,又如果我自愿与该群体的成员合作,利用了他们都遵守他们的制度所规定的规则这一事实,那么,我反过来也要遵守和维护同一套制度规则,这才公平。在罗尔斯的正义之为公平的理论框架内,这一点一般来说意味着遵守和维护四阶段序列中第二、三阶段所建立的正义的基本政治与社会制度。

然而,公平义务并不足以服务于所有的目的。理由有二。第一个理由是罗尔斯所强调的,公平义务明显只适用于积极而自愿地利用基本结构所提供的机会的人。它可能不适用于从未认可他们社会的基本结构的人,或许也不适用于能提出论证来主张其本人因目前安排而处在不利地位的个体。因此,公平义务最强有力地适用于"那些担任公职的人,或者说,那些境况较好,能在社会体制内部接近他们目标的人"(116;修100)。对其他人来说,这项义务的力量可能弱得多,乃至可以忽略不计。第二个理由或许更为重要,但罗尔斯没有明确提及,那就是在正义的制度根本不存在的情形下,公平义务无法为个体提供多少指导。若说在这种情况下我们就没有正义的义务或责任,这似乎不够。

出于这些理由,罗尔斯引入了正义的自然责任。不像公平义务,正义的自然责任不是相对于行为者的,而可以说是一种普遍责任(universal duty)。假设安德烈娅遇到一个滑倒在喷泉里的人,这个人撞到了头,失去了意识。没有安德烈娅的帮助,这个人会溺死,但有了她的帮助,这个人就可以很容易地获救。显然,安德烈娅有责任帮助他。请注意,她在这种情形下的责任既不依赖于她与这个具体的人的某种特别的关系,也不依赖于她此前已经自愿地负责(accept responsibility)帮助一般而言的他人。救助的责任是一种普遍责任。罗尔斯认为,正义的自然责任与此类似。"支持和服从那些存在并应用于我们的正义制度",以及"推动还未建立的正义安排产生,至少在这无须我们付出很大代价的情况下"(115;修99),乃是我们的普遍责任。根据这项责任,在没有正义制度时,个体应该努力建立这些制度,而在有正义制度时,个体应该总体上服从这些制度。这里谈论的正义制度,在他的理论框架内仍是指四阶段序列的中间两个阶段建立的基本政治与社会制度。

在§§51–52,罗尔斯试图表明,在无知之幕后的原初位置上,人们的确会就以上两项原则以及其他一些为个体制定的原则达成协定。为何会达成,这不难看出。更难看出的是关于原则的协定如何能够解决我们一开始的问题,即找出个体的那些与正义有关的义务和责任的源泉。假设我们承认人们会在原初位置上(假想地)就社会正义达成协定。那么,是什么促迫着个体去推进社会正义,即推进他们的协定的内容？是正义的自然责任。那么，什么是正义的自然责任？看起来，是原初位置上的人们会为个体制定的原则，是又一项（假想的）协定。那么是什么促迫着个体去履行这一责任，即履行他们就如何最好地推进其（第一项）协定的内容所达成的（第二项）协定的内容？论证似乎走向了无穷回溯，可惜罗尔斯没有给我们提供明显的规避路线。

或许最宽厚的解法是强调罗尔斯的"正义的自然责任"一语中的"自然"一词。这里的想法是，我们所具有的某些道德义务或责任根本就是原生的，也就是说，这些义务或责任本身无法得自某种事先的自愿协定，不论这种协定是不是假想的。诚然，一种主要基于同意（consent）的正义理论若无法把同意的逻辑贯彻始终，确实会略显不协调，但这也许无法避免。为了让基于同意的论证起作用，或许完全有必要设定一些初始的、初步认定的（prima facie）道德承诺，这些道德承诺本身则不从同意得来。果若如此，我们就可以说，正义的自然责任恰恰是这一原生的道德承诺。我们可以依此把罗尔斯的论证读解为他试图表明这一点：原初位置的各方会承认他们已经受到某种类似正义的自然责任的东西的约束。这样一来，他们在原初位置上的工作就是确定这种自然责任所指向的正义的制度和实践——他们理应创造、尊重、服从的制度和实践。

假设我们赞同罗尔斯并接受这一点：某种类似正义的自然责任和公平义务的东西总体上促迫着个体，令他们服从正义的制度和政策。这就把我们带回本节开头提出的问题：这些责任和义务延伸到哪里？关于公平义务，他指出："人不可能被不正义的制度所约束，或至少不可能被那些其不正义超越了可容忍范围的制度所约束。"（112；修96）想必这一点也适用于正义的自然责任。由此可见，个体显然有权利采取至少非暴力的方法不服从不正义的制度和政策。实际上，在十足不正义的社会，按罗尔斯的说法，"武斗行动和其他种类的抵抗肯定是正当的"（368；修323）。但这些情况的哲学意趣较少。更富意趣的情况是尚属正义的社会，其中只有少数制度和政策不正义；最富意趣的是完全正义的社会这一极限情况，在该社会中，正义两原则得到了现实世界条件下的尽可能细致而彻底的实施。即使在这种近乎正义或完全正义的社会，公民不服从也有一席之地吗？回答或许令人惊讶：有。

罗尔斯在§§53-54解释了他的回答的理由。简而言之，这个问题要归结于我们设计政治和法律制度的能力的内在局限性。回想一下，在四阶段序列的第二阶段，我们要去想象一场立宪会议，在该会议上，基本的政治和法律制度被设计出来，所依据的考虑主要有二：第一，根本的政治和法律制度应该体现正义之为公平第一原则所保证的平等的基本自由权；第二，在种种满足平等的基本自由权原则的可行的宪制配置当中，我们应该选取一种我们期待它能做到以下这点的配置，即它能最可靠地产生一些公共政策，以促进正义之为公平的其他目标——确保公平的机会平等，把最不利者的前景最大化。那么，很明显，第二个考虑代表了罗尔斯所称的"不完善的程序正义"（见我们在第3.4.4节的讨论）。我们采取一种程序，例如多数决投票的程序，其目的总是要把产生正义而非不正义政策的可能性最大化。但很遗憾，罗尔斯指出："任何可行的政治过程都不能担保那些按这个过程制定的法律是正义的。我们在政治事务中，不可能获得完善的程序正义。"（353；修311）由此可以得出，即使在一个完全正义的社会，当然也包括在一个稍微没那么正义的社会，政治体制至少会产生几条不正义的法律和政策。

我们应该不服从这种不正义的法律和政策吗？罗尔斯认为，一般来说，我们不应该不服从。如果政治体制从正义之为公平的两原则来看大体是正义的，那么在正义的自然责任和公平义务的促迫下，我们唯有尊重政治体制的（不完美的）结果。然而，在一些例外情况下，罗尔斯认为公民不服从既是可允许的，也是合宜的。公民不服从被定义为"一种公开的、非暴力的，既是按照良心的又是政治性的违反法律的行为，其目的通常是为了使政府的法律或政策发生一种改变"（364；修320）。在这里，罗尔斯显然是把20世纪50年代和60年代初的美国民权运动当作范例。这种不服从在什么情况下是可允许且合宜的？按照罗尔斯的说法，有三个条件（372-375；修326-329）：第一，所涉及的不正义是实质性且明显的（substantial and clear）；第二，经由日常的政治过程实现改革的尝试已经真诚地进行过，但失败了；第三，没有过多的群体一齐参与公民不服从以至于破坏法治。什么样的不正义才算得上是"实质性且明显的"？只有严重侵犯平等的基本自由权原则和公然违反公平的机会平等原则的情况。在罗尔斯看来，由差别原则判别出的不正义看起来永远不会是足够明显或足够实质性的。[21]

像这样，罗尔斯为至少在某些情况下采取公民不服从的行为辩护，然后他（在§59）继续争论说，公民不服从可以成为正义社会中的稳定因素而非动荡因素。他认为，公民不服从"可以理解为一种向共同体的正义感发出的吁请，一种对平等人之间得到承认的合作原则的援引"（385；修337）。通过援引正义原则，参与公民不服从的少数人将使多数人思考他们对那些原则的承诺。此外，罗尔斯指出，公民不服从的可能性从一开始就对采用不正义的法律和政策起到抑制作用。因此，我们发现，即使在一个依据正义之为公平的原则来看大体上正义或完全正义的社会中，公民不服从也起着重要的作用。

讨论至此，不妨附带提一下，罗尔斯也考察了良心的拒绝（conscientious refusal）问题，这种考察主要是借助与公民不服从的对照来进行的。他把良心的拒绝定义为"或多或少不服从直接法令或行政命令"，而这种法令或命令的对象是特定的个体（368；修323）。在他写作时，特别突出的例子当然是人们拒绝服从越南战争的兵役，尽管历史上还有很多其他案例。由于良心的拒绝并不在正义之为公平的理论中

---

[21] 不过，罗尔斯在较早的一节里考虑这些议题时，对该条件的刻画稍有不同。他在那里指出："从长远的角度来看，承受不正义的负担应该或多或少平均地分配给不同社会群体，并且在任何特定情况下，不正义政策所造成的困苦都不应太重。"由此可见，"这种服从的责任对长期遭受不正义之苦的某些固定的少数群体来说是很成问题的"（355；修312）。罗尔斯可能只是在解释对公平的机会平等原则的违反为何会被算作明显而实质性的，但也可能同时暗示了在何种条件下对差别原则的违反也会升级至这一程度。罗尔斯没有澄清他究竟是何用意。

起到特别的作用,而是一个平衡我们在社会正义方面的个体责任和义务与我们的其他个人道德承诺的问题,所以罗尔斯在这里没有详谈。他的评论的有趣之处主要在于,他提供了一个非宗教的例子来说明我们的其他道德承诺可能出自何处,借此简要勾画了一种对全球正义的说明,我们可以从中得出正义战争的原则。稍后,罗尔斯在他的《万民法》(The Law of Peoples, 1999b)一书中更为详细地阐发了这份对全球正义的说明。

研读问题

1. 一种基于同意的社会正义理论必须依赖一些本身不出自同意的道德责任和义务,这一点在多大程度上是对该理论的反驳?

2. 把公民不服从的使用限制在明显违反平等的基本自由权原则和公平的机会平等原则的情况,这是否恰当?

3.12 寻求稳定性(§§60-87)

现在我们来到了《正义论》的第三编,也是最后一编。虽然这一编的篇幅远超 150 页,但在我们的讨论中只占一节。个中缘由我们已经解释过。罗尔斯第三编的目的是对稳定性做出说明,换言之,他是要表明,如果一个社会是组织有序的,其基本结构体现了正义之为公平的两原则,那么其中的公民将倾向于赞同和支持社会正义。然而罗尔斯后来认为,他对稳定性的说明有很大缺陷，而且实际上与整个理论之间存在内在的不一致。因此，基于他所称的"重叠共识"理念，他发展出了一份对稳定性的新说明。由于这份新说明正式取代了旧说明，所以习惯的做法是较少关注《正义论》第三编。考虑到这种情况，本节的目的将是简要解说第三编对稳定性的说明，同时也对罗尔斯后来何以认为该说明不令人满意稍加提示。[22]

在《正义论》中，罗尔斯这样理解对稳定性的说明：它本质上是要解决他所称的"契合问题"（problem of congruence）。假设我们已经建立了一个组织有序的社会，其基本结构体现了正义之为公平的两原则。据罗尔斯看来，为了让这个社会稳定，每个公民都必须认为如下做法是有意义的，那就是把某种类似正义的自然责任的东西采纳为其个人善观念的一个核心部分。这样一来，公民不仅会在行动中努力遵守和维护正义的制度和政策，还会以能反映其对社会正义的承诺的方式，进一步塑造自己的个人目标和旨趣。例如，他们也许会只制订那些与视他人为自由而平等的公民相一致的个人生活计划。没有人打算做奴隶主，也没有人打算宣扬宗教不宽容。用罗尔斯的语言来说，人们如果把类似正义的自然责任的东西采纳为其个人善观念的一部分，那么他们是在把正义肯认为"他们的生活计划的调控因素"（567；修497）。如果一个社会是组织有序的，其中的所有或几乎所有公民都把社会正义纳入他们的个人善观念，那么这个社会将是高

---

[22] 更为详细的讨论，亦见巴里（Barry 1995）或弗里曼（Freeman 2007：尤见第6-9章）的著作。

度稳定的，其原因相当明显：因为在这样一个社会，没有一个公民有好的理由去抵制或破坏其制度和政策，整个社会系统将构成一个特别稳固的平衡。那么，契合问题就是要表明，正义之为公平这一特定观念的确有可能舒舒服服地被安放在人们的个人善观念之中——必须以某种方式表明，我们的社会正义理论和我们关于个人之善的理论相互"契合"。

罗尔斯试图分三个阶段解决契合问题，这三个阶段大致与第三编的三章相对应。在第一个阶段（第7章），他试图阐明一种非常一般性的或者说"薄的"（thin）善理论——他称其为"善之为理性（rationality）"。之所以需要一个薄理论，是因为我们反复指出过的一点，即人们并不都有同一种善观念。这些各自有别的善观念产生于一个显而易见的事实，即在庞大而多样的社会中，不同的人会采取不同的生活计划：有的人努力成为能干的医生，有的人努力成为忠诚的基督徒，还有的人努力成为环保斗士，等等。对每个个人来说什么是好的，不可避免地在一定程度上依赖于其特定的生活计划碰巧是什么。然而，为了处理契合问题，我们得有一个一般性理论来捕捉所有这些特定善观念的共同点。罗尔斯认为它们的共同点是理性。简而言之，理性的善观念必须满足两个条件。第一，理性的善观念必须具有某种内在一致性。例如，虽然打算通过上神学院而成为富人可能是不理性的，但是打算通过上神学院而成为优秀的基督徒可能就并非不理性的：后面这个计划具备前者看起来缺乏的内在一致性。第二，理性的善观念必须能够经得起某种合理程度的审思的推敲。换句话说，如果一种善观念是以错误信息为前提才显得言之有理，或者是因为没有考虑它与相关之人的具体才华和能力的适配程度才显得言之有理，那么这种善观念就是不理性的。因此，善之为理性这一薄理论无非就是认为，对一个人来说，把自己特定的善观念建立在一份理性的生活计划上，这总是更好的。

在讨论的第二阶段（第8章），罗尔斯试图表明，在一个由正义之为公平的原则所规制的组织有序的社会，人们往往会发展出他所说的"正义感"——这大致是一种在一定程度上关心社会正义的心理倾向。当一个人具备有效的正义感，她就会把促进社会正义这一特定目标或旨趣列入那些构成她个人生活计划的种种目标或旨趣中。虽然罗尔斯并没有确切地使用这种说法，但我们可以把正义感看成一种欲望——去做正义要求我们做的事。为了表明在由正义之为公平原则规制的社会的公民心中往往会生出某种正义感，罗尔斯依赖几个得自基本的社会心理学的假定。这个故事虽然细节繁复，但主旨在于，他认为有一个"深刻的心理学事实"，那就是人类至少在一定程度上受某种互报本能的驱使。也就是说，我们有一种"接受什么就回报什么"（answer in kind）的倾向，以伤害报复伤害，以好处报答好处（494；修433）。罗尔斯相信，人们如果成长于一个被组织成相互合作的公平体系的社会，那么其中的大多数人都往往会形成一种感觉，即应当为这个使自己受益的体系做出自己应有的一份贡献。理想情况下，这个感受最终会发展成熟，成为一种有效的正义感。这一点虽然貌似有理，但当然还只是一种经验性的声言，需要社会科学的证据支持。不过为了方便论证，我们不妨假设它或多或少是真的。

这就引出了讨论的第三个也是最后一个阶段（第9章）。为了理解这第三阶段的内容，我们必须注意，有效的正义感不一定足以实现罗尔斯的目的。如果公民仅仅具有促进正义的欲望，而这种欲望没有强烈到真正调控他们的生活计划，那么它还是不够的。为了保证一个组织有序的社会的稳定性，公民的正义感必须强烈到真正压倒了任何可能破坏这种稳定性的相反的欲望或倾向。让事情变得更加复杂的是，罗尔斯坚持认为正义感的强度必须是正当的。他希望，稳定性的实现不是仅靠一套灌输计划，这套计划实质上会把公民变成热爱正义的自动人偶。这里涉及的稳定性必须是正确类别的稳定性。对罗尔斯来说，这基本上意味着要证明人们把正义感纳入他们各自的善观念是理性的——这种理性既是说正义感与人们的其他特定目标和目的相融贯，也是说这种纳入经得起审思的推敲。如果我们能够证明这一点，那么我们就证明了正义之为公平这一理论与善之为理性这一薄理论是契合的。在第9章出现的证明大致有两个方面。一方面，罗尔斯试图表明，在一个由正义之为公平的两原则所规制的社会中，常见的很多种会造成不稳定的欲望和倾向都会得到大大缓解。例如，在一个真诚地致力于实施差别原则的社会，最不利者无法凭理性的依据而生妒忌之心。如果罗尔斯就这一问题的说法不错，那么我们的正义感就少了很多需要克服的心理阻力。另一方面，罗尔斯试图表明，无论我们特定的善观念如何，接受一个由正义之为公平的原则所规制的公平的相互合作体系，这对我们来说实际上是理性的。十分粗略地说，这是因为，第一，只有参与这样一个体系，我们才能充分发挥我们多种多样的才华和能力；第二，在肯定这个体系之际，我们是在康德意义上表达我们的自律（autonomy），即按照我们给自己规定的规则生活。

以上几段概述了《正义论》第三编对稳定性的说明。那么，是什么促使罗尔斯改变了想法？导致困难的是这样一点，即罗尔斯后来越发重视他所称的"合乎情理的多元性"（reasonable pluralism）。我们已经指出过，在庞大而多样的社会，人们自然而然会形成不同的善观念，这些善观念各基于不同的生活计划。不过，罗尔斯所构想的仍然是这样一个组织有序的社会：在那里，每个人从同样的根据出发，肯认同样的正义之为公平的观念。每个个体公民的善观念都要作为一个可互换的模块，被拼合到罗尔斯后来所说的一套"整全性学说"（comprehensive doctrine）之中。而这里涉及的整全性学说是一种对完全自愿主义社会的康德式构想：在这种社会中，我们每个人凭着自己对正义之为公平的肯认，既表达了我们的个人自律，也表达了我们对他人的尊重——我们把他人视为对其自身而言有价值的、独特的目的。但矛盾就在于此。恰恰是在尊重第一原则的自由社会，人们不仅会自然而然地倾向于构想出多样的善观念，还会构想出多样的整全性学说本身。当然，倘若康德式整全性学说干脆就是真的，其他的干脆就是假的，那么存在多样的整全性学说就不成其为难题（至少在哲学上不成其为难题）。若是那样，我们可以索性把这种更深层的多样性当作无知的产物而打发掉。

但遗憾的是实情并非如此。我们无法肯定康德式整全性学说为真而其他整全性学说为假。即使我们排除了明显依赖于假的前提或错误推理的整全性学说，仍然会留下一批看起来全都合乎情理的整全性学说。这就是合乎情理的多元性这一事实。

合乎情理的多元性这一事实要求罗尔斯对稳定性做出全新说明。细节不论，罗尔斯在后来的著作中的做法是提议我们对正义之为公平采取一种更谦逊的立场。我们不是把正义之为公平视为某种特定的康德式整全性学说所固有的一部分，而是一开始就假定，这种康德式整全性学说只是诸种同样合乎情理的整全性学说之一。既然种种不同的善观念都可以作为模块被拼合到一种特定的整全性学说中，那么种种不同的社会正义观也同样可以。但是，一个社会虽然会受益于其内部的善观念的多样性，它仍然必须有一个广泛为人所共享的公共的社会正义观，以解决有关其基本结构的配置方式的争端。因此，关键是要找到那么一种社会正义观，它可以作为一个模块被拼合到所有合乎情理的整全性学说中。罗尔斯努力在他的后期著作中表明，正义之为公平可以做到这一点——它可以充当罗尔斯所说的种种合乎情理的整全性学说之间的"重叠共识"（overlapping consensus）的焦点（尤见Rawls 1985, 1993）。这就迫使正义之为公平做出一些改变。其中一个改变是，必须从正义之为公平中去除它对那种尤为康德式的整全性学说的一切残余的依赖，只有这样，用罗尔斯的话说，它才能成为"自立的"（freestanding）。一种自立的社会正义观不依赖于任何一种整全性学说之为真，因此它更容易作为一个模块被拼合到很多不同的整全性学说中。为了使他的观念能够自立，罗尔斯做了一些调整，例如调整了对基本益品的说明和对正义两原则的词典式次序的论证。不过，对这些修改的详细讨论将远超这部导读的范围。

《正义论》并没有一段真正意义上的结论。第9章最后一节多多少少起到了结论的作用。在这一节，罗尔斯回顾了他对正义之为公平观念的论证的本性。如我们在对反思平衡的讨论中（见第3.3节）所见，这个论证既不是基础主义的，也不是自然主义的。基础主义的论证会以一小组被视为自明的第一原则开始，试图在此基础上推导出一个正义理论。自然主义的论证会试图把道德命题联系到非道德命题，然后继续寻找经验证据来证明后者的确为真。对比之下，反思平衡法力求让我们的深思熟虑的道德观点与非道德观点达到某种更宽泛意义上的相互融贯。因此，《正义论》的论证应该是说：与效用主义和其他相竞争的社会正义观相比，正义之为公平更能与我们已经非常强烈地对其作出承诺的价值和信念相协调。这些较强的承诺包括我们对奴隶制之错误性的信念，我们对正义是社会制度之首要德性这一点的确信，等等。在他那振奋人心的最后一段话中，罗尔斯提出，原初位置这一手法尤其使我们能够"把所有个人的视角融为一体，并一同达到这样一些调节性的原则：每一个人都能［……］肯认这些原则，并且从他自己的视点出发肯认着它们"（587；修514）。他相信，只有这样，我们才能既从一个不偏不倚的角度看待社会，又同时尊重每个独立的人类生命的独特性。

研读问题

1. 《正义论》的论证是否依赖于一种有争议的康德式的人之自律观念？如果是，那么其依赖程度如何？

2. 罗尔斯是否实现了他的主要目标，即提供一个令人信服的、有力的方案来替代效用主义？

4 反响与影响

4.1 《正义论》的经典地位

《正义论》出版还不到50年,对它的历史重要性作出定评当然为时尚早。不过,作为一部政治理论与哲学方面的著作,即使在这样短的时间里,它已经产生的影响也十分惊人。因此我们可以相当有把握地预测,罗尔斯的著作终将被视为20世纪为数甚少的真正伟大的哲学经典之一。

这不是说所有的政治理论家和哲学家现在都赞同罗尔斯,也不是说,关于其正义之为公平观念的长处有什么共识可言。我们将看到,情况远非如此。然而,不管这种论辩的结果如何,也不管正义之为公平这个特定观念是否仍将博得学术界的鼎力支持,罗尔斯的著作毕竟在三个方面使其领域产生了决定性的改观,乃至于几乎保证了其最终的经典地位。第一,《正义论》使政治哲学(一定程度上也使道德哲学)摆脱了相对晦暗的处境而重获新生。罗尔斯于20世纪50年代开始其工作时,政治哲学已经成了一门行将消亡的学科。《正义论》完全改变了这种状况:如今,政治哲学这一领域广受尊重,有成千上万的学人从事相关研究。第二,《正义论》决定性地终结了效用主义对道德与政治哲学的支配。当然,效用主义仍然有一批严肃且受尊重——尽管数量大减——的追随者，但它不再是唯一的选择。不仅契约主义理论现在被视为可行的备选项，很多新理论也在罗尔斯最初的成功之后涌现出来。

《正义论》带来的第三方面的改观比前两方面微妙得多，不过说到底也许更为重大。它涉及政治哲学在其中活动的那个概念框架本身。政治哲学此前之所以限于衰退，一部分原因就在于它没有跟上更为广大的哲学和社会科学领域的发展步伐。19世纪以来，这些领域在精深和严密方面都取得了长足的进步。与此相比，在政治哲学中，好的论证应该是什么样子，乃至它应该是关于什么的，都变得越来越不清楚。《正义论》改变了这一切。眼前这部巨著，其精深和严密一望而知，它探讨的也明显是重要的政治哲学问题。起初，很多人不大清楚该如何看待它。它采用的方法和技术是那么新奇，使得很多人误解了罗尔斯做的究竟是什么工作。（例如，在哲学家和社会科学家的一些较早的书评中这一点就很明显。）然而，其重大意义还是逐渐为人所赏识。出自《正义论》的很多基本理念——如反思平衡、基本结构、基本益品、程序正义、公平互报——已经成为政治哲学家全套技艺的一部分，可以说是他们的谋生工具。当代的政治理论家、哲学家，即使是在抨击罗尔斯的特定观点时，甚至是在讨论一些基本与罗尔斯无关的事情时，也往往说着罗尔斯的语言。[1]

出于这些原因——或许还有更多的原因——《正义论》注定会成为一部哲学经典，即使其正义之为公平的特定观念不再有大批追随者。本章余下部分将简要回顾《正义论》出

---

[1] 当然，这种情况在英美一系的政治理论家与哲学家当中比欧陆一系更为普遍，不过他的影响也正在后者那里（稍有延迟地）散播。

版以来围绕它发生的一些更为重要的实质性论辩。其中意义最为重大的，大概是20世纪80年代的所谓自由主义与社群主义之争。

4.2 自由主义与社群主义之争

为了明确这场论辩的背景，不妨先了解一下，在1971年罗尔斯的著作出版之后紧接着的几年里，政治哲学有何种走向。我们在这部导读中已经看到，《正义论》提出的论证极为复杂，而且有很多相互关联的方面。所以，该理论的某些方面在学术讨论中率先得到强调，其他方面则被忽视，这也许不足为奇。

具体来说，我们可以回想一下，罗尔斯在原初位置论证中假定，无知之幕会把关于各方特定善观念的一切知识对他们隐藏起来。因而，从原初位置中涌现的正义原则可以被描述为"中立的"，意思是说，对它们的推导不以任何特定善观念的真假为转移。这种独立性似乎为正义原则赋予了一种相对于种种特定善观念的优越性。例如，就一项公共政策来说，如果支持它的仅仅是一种并非所有公民都认同的、有争议的善观念，那么推行它似乎就是错误的，而如果支持它的是一种普遍性的正当观念（即据称中立的社会正义原则），那么这项政策似乎就更可接受。这个思想常常被总结为一个源于罗尔斯各种文段的口号："正当优先于善（the priority of the right over the good）。"

在《正义论》出版后的几年里，很多政治理论家、哲学家开始极力强调这个口号所表达的思想。有三个迥然不同的例子说明了这个趋势。我们可以先考虑出版于1974年的罗伯特·诺齐克的《无政府、国家和乌托邦》(Anarchy, State, and Utopia)。这部著作从一种宽泛的自由至上主义观点出发,直接挑战了罗尔斯的正义之为公平理论。诺齐克把个体权利抬高为一种绝对标准,反对任何不受欢迎的对个体权利的干预,相比之下,其他一切道德和政治考量都被认为是微不足道的。据他看,参与任何形式的集体筹划都丝毫不在国家的职分之内:国家唯一要做的是保障我们的个体权利。至于如何实现公民所持的个人的善观念,这方面的尝试任由公民通过私人领域中的活动决定,只要公民在此过程中不侵犯他人的权利。

另两部由法律学者撰写的著作同样说明了这一趋势:一部是出版于1977年的罗纳德·德沃金(Ronald Dworkin)的《认真对待权利》(Taking Rights Seriously);另一部是出版于1980年的布鲁斯·阿克曼(Bruce Ackerman)的《自由国家的社会正义》(Social Justice in the Liberal State)。有趣的是,这两位作者都像罗尔斯一样是自由主义的平等主义者,因此他们拒斥诺齐克著作中表达的那种更严苛的自由至上主义观点。然而,两人表现出同样的强调正当优先于善的倾向。德沃金高扬个体权利在政治话语中的作用,认为个体权利应被理解为绝对的"王牌"(trumps),足以压倒那些其目标源于有争议的善观念的公共政策。[2] 同样,阿克曼也认为,以任何

---

[2] 在后来的工作中,显然可见,德沃金(Dworkin 1990, 2000)脱离了该立场,提出了一个或被称为"伦理自由主义"的独特版本,即一种非目的论版本的自由主义至善论。我将在本节下文中简要讨论自由主义至善论。

4 反响与影响

方式依赖于有争议的善观念的论证都应该被排除在政治领域之外：只有严格中立的论证才是公共政策可采纳的根据。

不足为奇，这些观点最终引起了一波反弹。然而，有点出乎意料的是，反弹所采取的形式不是拒斥这些后来的想法并回到一种更为平衡的对罗尔斯的读解，反而是直接抨击罗尔斯本人。这或许是因为，罗尔斯、诺齐克、德沃金和阿克曼虽然有很多不同，但从20世纪80年代初的眼光看，他们都一致认同一个自由主义观念，即正当观念是中性的，因此是普遍而绝对的，善观念则是有争议的，因此是偏狭而次要的。罗尔斯既然是这一批自由主义理论家中资历最深、最受尊敬的成员，自然而然就会被想要反对这批理论家学说的人单独挑出，不论他是否真的是他们最合适的靶子。或许还有一点值得指出，那就是20世纪80年代那股名为"社群主义批判"的潮流大致应和了英美政治中主流保守主义运动的兴起。虽然这不完全是巧合，但如果认为社群主义批评者都是政治上的保守主义者，那就错了。其中一些是，但多数有影响力的批评者（包括下文讨论提到的所有人）一般都不是；他们只是单纯不赞同自由主义政治哲学在20世纪70年代后期发生的特定转向。

最重要的社群主义者之一是哈佛大学的另一位政治哲学家迈克尔·桑德尔（Michael Sandel）。他最重要的著作《自由主义与正义的局限》（*Liberalism and the Limits of Justice*）出版于1982年，书中提出了一系列层层递进的反对罗尔斯的论证。第一层是，正义之为公平这一自由主义观念虽然貌似中立于诸种善观念，实则全非如此。相反，桑德尔说，《正义论》的整个论证都关键性地依赖于一种人之善的观念：人之善在于一种康德式自律，即如我们所愿地塑造我们自己抱持的目的。如果桑德尔这一点说得对，那么正当就不可能真的像有人声称过的那样优先于善。无论喜欢与否，我们都必须从一个特定的、或许有争议的善观念开始，由此推敲出一种正义观。在进击的第二阶段，桑德尔审视了善之为康德式自律这一特定观念，并认为它有所欠缺。桑德尔援引其他人尤其是黑格尔研究者查尔斯·泰勒（Charles Taylor）的著述，尝试表明我们并不真的是自律的存在者，仿佛不受那些我们未曾给自己选择过的价值和承诺的牵累。而且我们也不想成为这样的存在者。根据社群主义的观点，在某个很深的层面，我们对朋友、家庭、社群等团体的非自愿依系恰恰界定了我们是什么人以及我们把什么看作我们生命中最重要的东西。在第三层，也是最后一层，桑德尔指出，如果我们仍然接纳善之为康德式自律这种不吸引人的自由主义善观念，那么我们最终会发现，它并不支持而是破坏了正义之为公平的目标本身。特别是，对差别原则的支持关键性地依赖于这一点：我们认为自己与他人在一个相互合作的公平体系中结为一体。遗憾的是，善之为康德式自律这一自由主义观念直接与这种相互依系感相抵触，因为这种善观念提倡个体主义而贬抑社群。

对自由主义的社群主义批判提示了几条进一步发展或回应的路线。最显而易见的路线或许是接受这一批判，然后试图推敲出更为社群主义的正义理论是什么样子，以此作为替代。这多多少少就是另一位影响卓著的社群主义者迈克尔·沃尔泽（Michael Walzer）采取的路线。依他对社会正义的社群主义观点，大致来说，我们的出发点是一个特定的善观念，这个观念在某个给定的人类社群中得到广泛共享。接下来我们说，这个"社会在满足以下条件时是正义的：它的实质生活以一种特定的方式进行，而这种方式忠于其成员所共享的理解"（Walzer 1983: 313）。因此，对每个社群来说合宜的社会正义原则得自这个社群的那些特定的共享价值。既如此，合宜的正义原则当然就随地点和历史时期的不同而不同。针对这种理路，自然有很多种可能的反驳。首先，这种思路留给政治哲学家或理论家去做的事情似乎较少，因为研究某一实际人类社群的共享价值这项工作也许最好交给受过训练的人类学家。再者，这种思路似乎导向一种过度的保守主义。这是因为，独立于给定社群的共享价值的社会正义观可以提供批评所用的可靠根据，而若没有这些根据，很难看出那个社群的成员还能怎样批评他们自己的一些招人反感的价值和实践。值得称赞的是，沃尔泽也承认这一点，他说，例如在采纳种性等级制价值的社群，种性制必须被视作正义。[3]

约瑟夫·拉兹（Joseph Raz）则走了一条截然不同的路线。在出版于1986年的《自由的道德》（The Morality of Freedom）一书中，拉兹多多少少承认了社群主义的指控，即自由主义依赖于一种特定且有争议的观念，即善之为自律。但是按照他的观点，我们应该做的，是完全接纳这个观念，

---

[3] 然而在后来的一些著作中，他尝试表明社会批评在一个社群主义框架内何以可能（尤见 Walzer 1993）。

阐发它的含义，并论证说它（与来自社群主义一方的批评者的看法相反）实际上代表了一个吸引人的政治理想。当然，无论是在历史上还是今天，都不是所有人都真的接受自律的理想，但这只能说明，我们应该更加努力地倡导这一理想。这种进路的论旨在研究文献中被称为"自由主义至善论"（有时也被称为"伦理自由主义"）。回想一下，至善论的社会正义观把善定义为某种特定的人之卓越的实现，接下来把正当刻画为对那种善的促进或践行。在罗尔斯撰写《正义论》时，他心目中的至善论的主要例子是种种宗教观点，或者认为人之卓越在于艺术和文化成就的观点。这类观点与正义之为公平相比显不出什么道理，这可以理解。但是一旦我们把人类之善定义为自由主义的自律理想本身，我们就有了一种远为有趣、有吸引力的至善论观念，这值得我们认真考虑。

然而，罗尔斯本人没有采取上述两条路线。在上文中，我们简要讨论过他在《正义论》出版后如何改变了他对稳定性问题的看法，其实当时我们已经见过他采取的路线（见第3.12节）。参照社群主义的批判来看罗尔斯的这些改变的蕴意是很有意思的。巧的是，在抨击罗尔斯的过程中，桑德尔高度偏重《正义论》的前两编，特别是原初位置模型。他认为，这个模型表达了一种关于人的特殊观念，即把人理解为自律且无牵累的存在者，不携带他们未曾给自己选择而先在的依系和承诺。然而，如很多论者（以及罗尔斯本人）指出，桑德尔这条论证思路有严重缺陷。它建立在一种根本误解之上：它误解了设想中原初位置模型要在正义之为公平理论中扮演的角色。这个模型仅仅是一种表征手法，而不是对人之状况的形而上学说明（Rawls 1993: 22-28）。

讽刺的是，桑德尔若偏重《正义论》第三编，提出的论证倒可能有力得多。这是因为，在第三编中尝试解决契合问题时，罗尔斯的确在各处都依赖于一种康德式的人之自律理想。其实他的如下说法实质上承认了这一点：他后来说到，《正义论》中出现的稳定性说明的一个"本质特征"就是，它假定在一个组织有序的社会，所有公民都把正义之为公平当作一套"整全性哲学学说"的一部分予以认可（Rawls 1993: xvi）。这时桑德尔就可以主张，此处关涉的自由主义整全性学说大抵是一种有争议的善观念。

不过即使如此，罗尔斯修订后的稳定性说明也对这一显得更有道理的社群主义批判版本提供了回应。[4]我们现在要想象这样一个社会，在那里，正义之为公平充当了多种合乎情理的整全性学说之间的重叠共识的焦点。从某个角度看，这也许可以被视为罗尔斯一方的战术性撤退，毕竟他现在承认正义之为公平有赖于整全性学说的支持。然而从另一个角度看，这又代表了一种侧翼进击，毕竟正义之为公平不再依赖于社群的所有成员共享同一套整全性学说——当然也更不依赖于他们都具体地认可那种自由主义–康德主义学说。面对带有社群主义风格的批评，正义之为公平的新版本展现了大幅提高的强韧性，因而，随着《政治自由主义》的出版，自由主义与社群主义之争或多或少平息了下来。

---

[4] 这里我们应该指出，罗尔斯本人坚称他改变观点是正义之为公平观念本身的内部矛盾所致，绝非由社群主义批判所促动。考虑到罗尔斯在桑德尔的著作面世数年前就开始改换其观点，这一声言也颇显有理。

4.3 更多论辩与当今声望

自由主义与社群主义之争无疑不是围绕罗尔斯这部著作的唯一争议。在本书最后这一节，我们会先简要考察其他值得注意的论辩，然后考虑这部著作的当今声望。

有一组论辩出自女性主义视角对罗尔斯的讨论。其中有很多不同的议题，诸如原初位置模型是否能够或应该略去情感推理，相互冷淡的理性是否不恰当地排除了情爱依系及其他依系，等等。但碍于篇幅，我们可以集中关注从这些女性主义讨论中产生出的大概最重要的论辩——家庭之为社会制度这一问题。在《正义论》中，除了指出家庭是社会基本结构的一部分（7；修6），以及指出我们大概不会想要将其弃之不用（74；修64），罗尔斯对充分实施正义之为公平原则会如何影响家庭的组织，相对来说谈得较少。这引起了很多猜测和论辩。有些时候，人们认定罗尔斯必定持有传统的家庭观，他的观点据此受到抨击。也有些时候，人们认为罗尔斯要把正义两原则直接应用在家庭的内部组织上——例如认定罗尔斯坚持父母要在孩子之间的益品分配上应用差别原则。这又引起另一些抱怨。

最终，罗尔斯在后来的论文《公共理性理念新探》（The Idea of Public Reason Revisited）中尝试处理这些疑虑。在该文中，他重申了他的两个看法：家庭是基本结构的一部分，并且它不是我们马上就可以不需要的东西。然而，他澄清说，正义之为公平的原则不应该直接应用在家庭的内部组织上。他把这与教会的内部组织做了一个类比。不妨假设，在一个其制度和政策体现了正义之为公平的自由社会，教会是一种自愿组织。按照罗尔斯的观点，自愿组织的内部组织方式本身不必体现两原则；例如，某个特定教会的内部不必是民主的。不过，自愿组织仍须尊重两原则，将其用作对它们选择采纳的任何内部组织形式的侧面约束。例如，自愿组织不能禁止成员退出教会，因为这会侵犯正义第一原则所保证的自由结社权。与此类似，家庭也必须尊重正义之为公平的两原则：个体必须可以按自己的选择自由地组成和退出家庭，并且人人都不能在家庭之内被剥夺其权利。然而在这些限度被尊重的前提下，家庭的内部组织就超出公共关切的适当范围了。

可惜，罗尔斯选用的这个类比并不恰当。这是因为，教会像其他自愿组织一样，本身不是基本结构的一部分。可家庭却像罗尔斯坚称的那样，是基本结构的一部分。它之所以是，是因为我们实质上把社会再生产这项重要工作托付给了家庭，而生养儿女的体制，也明显会以儿女本人无法控制和负责的方式，显著地影响他们最终的生活前景。从儿女的角度看，家庭并非自愿的社团。更好的类比或许是刑事法庭的内部组织。刑事法庭明显是基本结构的一部分，但并不是说基本结构内的每一部分都必须反映正义之为公平的原则。刑事法庭不是以民主的方式组织起来的，其宣判也不采取差别原则。相反，我们应该把刑事司法体制看作一整个制度体系的一部分，而整个体系的宗旨是最好地实现正义两原则。从这方面说，家庭这一社会制度也是同理。虽然每个家庭的内部组织不必反映正义之为公平的两项原则，但家庭制度作为

152 一个复杂的制度体系的一部分，它必须从整体上以一种有效实现正义两原则的方式，发挥其在这个制度体系内的独特作用。所以，如果说把教育儿女的责任完全委托给父母真的会对儿女的最终前景造成严重的不平等——严重到违反差别原则——正义之为公平就会要求收回这一委托，或对其加以调控。[5] 不管怎么说，这样的立场看上去与罗尔斯的理论是最为协调的。

除了女性主义的讨论，还有很多其他论辩是围绕罗尔斯《正义论》首次引入的主题进行的。例如，基本益品的理念和差别原则一起催生出大批涉及分配正义的文献，这些文献具有很强的技术性。罗尔斯主张基本益品比幸福或福利更准确地描述了我们应该在乎什么，这个主张对吗？还有没有更好的尺度，例如基本的人类机能水平？这是辩题之一。另一个辩题是，我们究竟是应像罗尔斯那样注重给予最不利者以优先权，还是应该注重实现平等，还是应该注重为人人提供足够的福祉？还有更多的辩论围绕着诸如下列问题进行：正义之为公平应该承认多元文化权利吗？正义之为公平是否为民主参与赋予了足够显著的地位？我们应该把基本结构视为正义的真正主题吗？等等。不过，与其逐个细说这些论辩，我们倒不妨集中关注近来发生的一系列尤其激烈的论辩，其话题是全球正义。罗尔斯在《正义论》中只简要考虑了这类议题。他在书中提出，可以有效地利用原初位置程序得出全球正义的原则，一如可以用它得出社会正义的两原则。不

---

[5] 这种调控当然要在保护个体结社自由的第一原则所设的约束之内。

过，他对这一思想的讨论很简略，只是为良心的拒绝提供了一些非宗教理由，而没怎么指明这种程序会得出什么样的原则，除了指出其中一定包括一些比较为人熟知的正义战争原则（377-379；修 331-333）。

这样一来，其他人便有了发挥空间。如何把正义之为公平背后的推理应用到全球正义上？在这一问题上有两个尝试尤为有影响力，一个是出版于 1979 年的查尔斯·贝茨（Charles Beitz）的《政治理论与国际关系》（*Political Theory and International Relations*），另一个是出版于 1989 年的涛慕思·博格（Thomas Pogge）的《实现罗尔斯》（*Realizing Rawls*）。这两位作者得出的结论大体类似。我们先说一个观察：在以你个人无法控制的方式影响你生活前景的事物中，不仅有构成你自己所处社会的基本结构的制度和实践，还有你这个社会相对于其他社会而论的特定处境——例如，它是大是小，军事力量是强是弱，资源丰富还是贫乏，等等。看起来最显而易见的解决方案也许是把所有社会的人们都囊括在原初位置之中。由于无知之幕对参与者隐藏了一切关于其特定社会的知识，参与者就会选择对世界上所有人都公平的全球正义原则。具体而言，贝茨和博格推论说，支持一个社会内的差别原则的论证，一定也同样强地支持了跨社会的差别原则。结论似乎就是，全球正义要求从富裕的、居于优势的社会向贫穷的、居于劣势的社会进行相当规模的再分配。我们可以料定，这一再分配会远远超出当今进行的那种微薄的国际援助。

在他的晚年，罗尔斯决定自己来处理全球正义问题，最终在 1999 年出版了《万民法》(*The Law of Peoples*) 一书。令人惊奇的是，他不认可贝茨、博格等人得出的结论。他拒斥把所有人囊括在原初位置之中的想法。相反，他构想了两个不同的原初位置。其中第一个对应《正义论》阐述的原初位置，它在每个社会分开进行。在这之后，那些组织有序的社会（大致就是其制度在某种程度上尊重其成员的权利和利益的社会）才会派代表到另一个全球层面的原初位置上去。这第二个原初位置的代表同样受无知之幕所限，但他们无疑知道自己只代表组织有序社会的利益，而不代表所有社会的利益，更不代表全世界所有个体的利益。所得出的结果，据罗尔斯论述，是这样的全球正义原则：这些原则相当看重每个社会以自己的方式直面自身问题的自律性，而远不那么看重全球再分配。这种结果，从国际事务的现状来看，当然可以视为一种更加现实主义的结果，但很多支持罗尔斯的人仍然深感失望。他们感觉罗尔斯在一种不正义的现实面前做出了无理由的退让，没能把他本人思想的逻辑推进到底。自然而然，这些仍是相关文献激辩的议题。

最后谈到的这场论辩很好地说明了罗尔斯这部著作的当今声望。很多政治哲学家仍然坚定地担守《正义论》所介绍的原则，即使在不同意罗尔斯的观点时，他们的论辩多半仍然围绕他的观点展开。当然，到目前为止，我们只讨论了《正义论》在学术圈子里的影响，这种影响自是深远。那么它对整个社会的更广泛影响又如何？在整个社会这里，我们所见的图景截然不同。一件对罗尔斯来说的憾事是，他的著作对美国社会和其他社会的发展方向几乎没有影响。相反，自《正义论》问世以来，历史趋势的主潮总体上远离了他的观点——纵然他的书已售出数十万册，被翻译成近 30 种语言。然而在这方面，《正义论》也许会有一种与其他很多伟大的哲学著作近似的命运。像约翰·洛克的《政府论（下篇）》、亚当·斯密的《国富论》、卡尔·马克思的《资本论》这些著作，若依其印行的最初 50 年的状况来判断其历史影响，那会是严重的错误。哲学著作通常都需要一个世纪或者更久才会开始真正导引人事的行程。由此观之，罗尔斯的《正义论》或许仍将有非凡的未来。

参考文献与进阶阅读[1]

罗尔斯主要著作

Rawls, John. "Outline of a Decision Procedure for Ethics," (1951; reprinted in *Collected Papers* [ed. Samuel Freeman; Harvard University Press: Cambridge, MA, 1999]).

中译参考约翰·罗尔斯,《一个伦理学决定程序纲要》, 陈肖生译, 载《罗尔斯论文全集》, 陈肖生等译, 长春: 吉林出版集团, 2013年, 第1-22页。

—— "Two Concepts of Rules," (1955; reprinted in *Collected Papers* [ed. Samuel Freeman; Harvard University Press: Cambridge, MA, 1999]).

中译参考罗尔斯,《两种规则概念》, 陈肖生译, 载《罗尔斯论文全集》, 第23-53页。

—— "Justice as Fairness," (1958; reprinted in *Collected Papers* [ed. Samuel Freeman; Harvard University Press: Cambridge, MA, 1999]).

中译参考罗尔斯,《作为公平的正义》, 陈肖生译, 载《罗尔斯论文全集》, 第54-83页。

—— *A Theory of Justice* (Belknap Press: Cambridge, MA, 1971).

---

[1] 相关中译文本信息为译者所加, 方便读者查阅。——编者注

中译参考约翰·罗尔斯,《正义论》,何怀宏、何包钢、廖申白译,北京:中国社会科学出版社,2001年;约翰·罗尔斯,《正义论》,谢延光译,上海:上海译文出版社,1991年;等等。

—— "Kantian Constructivism in Moral Theory," (1980; reprinted in *Collected Papers* [ed. Samuel Freeman; Harvard University Press: Cambridge, MA, 1999]).

中译参考罗尔斯,《道德理论中的康德式建构主义》,陈肖生译,载《罗尔斯论文全集》,第341-405页。

—— "Social Unity and Primary Goods," (1982; reprinted in *Collected Papers* [ed. Samuel Freeman; Harvard University Press: Cambridge, MA, 1999]).

中译参考罗尔斯,《社会统一与基本益品》,陈肖生译,载《罗尔斯论文全集》,第406-437页。

—— "Justice as Fairness: Political Not Metaphysical," (1985; reprinted in *Collected Papers* [ed. Samuel Freeman; Harvard University Press: Cambridge, MA, 1999]).

中译参考罗尔斯,《作为公平的正义:政治性的而非形而上学的》,陈肖生译,载《罗尔斯论文全集》,第438-468页。

—— *Political Liberalism* (Columbia University Press: New York, 1993).

中译参考约翰·罗尔斯,《政治自由主义》,万俊人译,南京:译林出版社,2011年。

—— "The Idea of Public Reason Revisited," (1997; reprinted in *Collected Papers* [ed. Samuel Freeman; Harvard University Press: Cambridge, MA, 1999]).

中译参考罗尔斯,《公共理性理念新探》,谭安奎译,载《罗尔斯论文全集》，第 612-657 页。

—— *A Theory of Justice: Revised Edition* (Belknap Press: Cambridge, MA, 1999a).

中译参考约翰·罗尔斯，《正义论：修订版》，何怀宏、何包钢、廖申白译，北京：中国社会科学出版社，2009 年；约翰·罗尔斯，《正义论：一种正义理论》，李少军、杜燕丽、张虹译，台北：桂冠图书股份有限公司，2003 年；等等。

—— *The Law of Peoples* (Harvard University Press: Cambridge, MA, 1999b).

中译参考约翰·罗尔斯，《万民法》，陈肖生译，长春：吉林出版集团，2013 年。

—— *Justice as Fairness: A Restatement* (Belknap Press: Cambridge, MA, 2001).

中译参考约翰·罗尔斯，《作为公平的正义》，姚大志译，北京：中国社会科学出版社，2011 年。

关于罗尔斯的著作

Barry, Brian. *The Liberal Theory of Justice* (Oxford University Press: Oxford, 1973).

—— "John Rawls and the Search for Stability," *Ethics* 105 (1995): 874-915.

Cohen, G. A. *Rescuing Justice and Equality* (Harvard University Press: Cambridge, MA, 2008).

中译参考 G. A. 科恩，《拯救正义与平等》，陈伟译，上海：复旦大学出版社，2014 年。

Daniels, Norman (ed.), *Reading Rawls: Critical Studies on Rawls's "A Theory of Justice,"* (Stanford University Press: Stanford, CA, 1975).

Dworkin, Ronald. "The Original Position," (1973; reprinted in *Reading Rawls* [ed. Norman Daniels; Stanford University Press: Stanford, CA, 1975]).

Freeman, Samuel (ed.), *The Cambridge Companion to Rawls* (Cambridge University Press: Cambridge, 2003).

—— *Rawls* (Routledge: London, 2007).

中译参考萨缪尔·弗雷曼,《罗尔斯》,张国清译,北京:华夏出版社,2013年。

Hart, H. L. A. "Rawls on Liberty and Its Priority," (1973; reprinted in *Reading Rawls* [ed. Norman Daniels; Stanford University Press: Stanford, CA, 1975]).

中译参考 H. L. A. 哈特,《罗尔斯论自由及其优先性》,邓正来译,载《复旦政治哲学评论(第1辑)》,邓正来编,上海:上海人民出版社,2010年,第3-24页。

Kukathas, Chandran and Philip Pettit. *Rawls: A Theory of Justice and its Critics* (Stanford University Press: Stanford, CA, 1990).

中译参考乔德兰·库卡塔斯、菲利普·佩迪特,《罗尔斯》,姚建宗、高申春译,哈尔滨:黑龙江人民出版社,1999年。

Pogge, Thomas. *Realizing Rawls* (Cornell University Press: Ithica, NY, 1989).

中译参考涛慕思·博格,《实现罗尔斯》,陈雅文译,上海:上海译文出版社,2014年。

—— *John Rawls: His Life and Theory of Justice* (Oxford University Press: Oxford, 2007).

中译参考涛慕思·博格，《罗尔斯：生平与正义理论》，顾肃、刘雪梅译，北京：中国人民大学出版社，2010年。

Sandel, Michael J. *Liberalism and the Limits of Justice* (Cambridge University Press: Cambridge, 1982).

中译参考迈克尔·J. 桑德尔，《自由主义与正义的局限》，万俊人等译，南京：译林出版社，2011年。

Wolff, Robert Paul. *Understanding Rawls* (Princeton University Press: Princeton, NJ, 1977).

本书引用的其他著作

Ackerman, Bruce A. *Social Justice and the Liberal State* (Yale University Press: New Haven, CT, 1980).

Barry, Brian. "Justice between Generations," (1977; reprinted in *Democracy, Power, and Justice: Essays in Political Theory*. Clarendon Press: Oxford, 1989).

Beitz, Charles R. *Political Theory and International Relations* (Princeton University Press: Princeton, NJ, 1979).

Dworkin, Ronald. *Taking Rights Seriously* (Harvard University Press: Cambridge, MA, 1977).

—— "Foundations of Liberal Equality," *The Tanner Lectures on Human Values* 11 (1990): 3-119.

—— *Sovereign Virtue: The Theory and Practice of Equality* (Harvard University Press: Cambridge, MA, 2000).

Kant, Immanuel. *Groundwork of the Metaphysics of Morals* (1785; ed. Mary Gregor; Cambridge University Press:

Cambridge, 1997).

Meade, J. E. *Efficiency, Equality, and the Ownership of Property* (Allen and Unwin: London, 1964).

Mill, John Stuart. *Principles of Political Economy* (1848; ed.Jonathan Riley; Oxford University Press: Oxford, 1994).

Nozick, Robert. *Anarchy, State, and Utopia* (Basic Books: New York, 1974).

Raz, Jospeph. *Morality of Freedom* (Clarendon Press: Oxford, 1986).Roemer, John E. *Theories of Distributive Justice* (Harvard University Press: Cambridge, MA, 1996).

Rousseau, Jean-Jacques. "On the Social Contract," in *The Basic Political Writings* (1762; trans.Donald A.Cress; Hackett Publishing: Indianapolis, IN, 1987).

Sen, Amartya. "Equality of What?," *The Tanner Lectures on Human Values* 1 (1980): 197-220.

Walzer, Michael. *Spheres of Justice: A Defense of Pluralism and Equality* (Basic Books: New York, 1983).

—— *Interpretation and Social Criticism* (Harvard University Press: Cambridge, MA, 1993).

索 引

阿克曼，布鲁斯 Ackerman, Bruce 145-146
贝茨，查尔斯 Beitz, Charles 152-153
边沁，杰里米 Bentham, Jeremy 4, 18, 34
伯林，以赛亚 Berlin, Isaiah 1
博格，涛慕思 Pogge, Thomas 153
不确定局面下的选择问题 uncertainty, problem of choice under 98-101, 103
差别原则 difference principle：差别原则与机会平等 and equality of opportunity 65, 118-119；差别原则与团结 and solidarity 75；差别原则与最不利者 and the least advantaged 57-58；对差别原则的界定 defined 56-59；亦见正义之为公平，正义之为公平两原则；正义之为公平第二原则 see also justice as fairness, two principles of; second principle of justice as fairness
承诺的压力 strains of commitment：从承诺的压力出发的对正义之为公平的论证 argument for justice as fairness from 103-109；对承诺的压力的界定 defined 105
（传统的）社会契约论 social contract, traditional theory of 7-9, 19-20, 28, 129-130
词典式优先性 lexical priority：对词典式优先性的界定 defined 46；公平的机会平等的词典式优先性 of fair

equality of opportunity 118-119；基本自由权的词典式优先性 of basic liberties 46-47, 64-65, 108-109

道德应得 desert, moral 25-26, 52-55, 125：亦见正义，程序正义 see also justice, procedural

道义论理论的界定 deontological theories, defined 33：亦见目的论理论 see also teleological theories

德沃金，罗纳德 Dworkin, Ronald 145-146

独立宣言 Declaration of Independence 8

多元文化权利 multicultural rights 152

法治 rule of law 114-115

反思平衡 reflective equilibrium：对反思平衡的界定 defined 42-44；反思平衡的初次提出 initial presentation of 12；反思平衡与先在的直觉 and prior intuitions 124-126, 141；反思平衡与原初位置 and the original position 50, 111

服从，严格服从 vs 部分服从 compliance, strict versus partial 26-27

福利国家 welfare state 3, 116

福利主义 welfarism 66-67

个人的分离性 separateness of persons 71-72, 109

个体，适用于个体的正义原则 individuals, principles of justice for 66, 128-133：亦见公平义务；正义，正义的自然责任 see also fairness, obligation of; justice, natural duty of

公共性要求 publicity requirement 40-41, 90, 107-108

公民不服从 civil disobedience 128-129, 133-135

公平义务 fairness, obligation of 130-131：亦见正义，正义

的自然责任 *see also* justice, natural duty of
哈特，H. L. A. Hart, H. L. A. 1, 48
汉普希尔，斯图尔特 Hampshire, Stuart 1
合乎情理的多元性 pluralism, reasonable：见整全性学说，整全性学说的合乎情理的多元性 *see* comprehensive doctrines, reasonable pluralism of
合作体系，社会之为合作体系 system of cooperation, society as a 15-16, 24, 29-30, 75
黑尔，R. M. Hare, R. M. 1

机会平等 equality of opportunity：对公平的机会平等的界定 fair, defined 53-55；对形式的机会平等的界定 formal, defined 51-53；机会平等与差别原则 and the difference principle 65, 118-119；亦见正义之为公平第二原则 *see also* second principle of justice as fairness
基本的人类机能 functioning, basic human 69-70, 152
基本益品 primary goods：对基本益品的界定 defined 67-69；对基本益品的度量 measurement of 70-71；基本益品与基本的人类机能 and basic human functioning 69-70；基本益品与理性 and rationality 68-69, 82-83
基本自由权 basic liberties：从基本自由权出发的对正义之为公平的论证 argument for justice as fairness from 97-102, 126-127；基本自由权含义的澄清 meaning of clarified 48-49；基本自由权与制度设计 and institutional design 114-115；作为一种基本益品的基本自由权 as a primary good 67-69；亦见平等的基本自由权原则 *see also* equal basic liberties principle

家庭这一社会制度 family, social institution of 52-54, 150-152
杰斐逊，托马斯 Jefferson, Thomas 8
紧密啮合的经济关联的界定 close-knit economic relations, defined 59
竞选的公共资助 campaigns, public financing of 114

康德，伊曼努尔 Kant, Immanuel：康德的道德哲学 moral philosophy of 7, 9-12, 20, 80, 108, 127-128；康德与普遍法则公式 and Formula of Universal Law 11-12, 20, 123, 127；康德与人性公式 and Formula of Humanity 10-11, 108, 128；康德与自律学说 and doctrine of autonomy 127-128, 139-141, 146-147, 149
宽容的限度 toleration, limits of 114

拉兹，约瑟夫 Raz, Joseph 148
理性 rationality：较为宽泛的对理性的考虑 broader considerations of 40, 84-85, 88-89, 111；理性的单薄理论 thin theory of 137-138；理性与基本益品 and primary goods 68-69；理性与效用主义 and utilitarianism 31-32；理性与相互冷淡 and mutual disinterest 83-84；正义感与理性 sense of justice and 139；原初位置各方的理性 of the parties in the original position 39-42, 82-85, 121-122
利己主义，第一人称的利己主义 vs 一般性的利己主义 egoism, first-person versus general 91-92
链式联系的界定 chain connection, defined 60
良心的拒绝 conscientious refusal 135

卢梭，让－雅克　Rousseau, Jean-Jacques　7, 9, 28

罗尔斯，约翰　Rawls, John：罗尔斯生平　biography of　1-2；罗尔斯与《万民法》的撰写　and writing of *Law of Peoples* 135, 153-154；罗尔斯与《正义论》的撰写　and writing of *A Theory of Justice* 2-3, 7, 12, 20-22；罗尔斯与《政治自由主义》的撰写　and writing of *Political Liberalism* 13, 22, 140-141, 149-150

洛克，约翰　Locke, John　7-8, 12, 19, 154

马克思，卡尔　Marx, Karl　154

麦卡锡主义　McCarthyism　2

美国民权运动　civil rights movement, American　2, 128, 134

美国民主党　Democratic Party, American　3

目的论理论的界定　teleological theories, defined　30-32, 92：亦见道义论理论　*see also* deontological theories

密尔，约翰·斯图尔特　Mill, John Stuart　4, 18, 34-35

诺齐克，罗伯特　Nozick, Robert　62, 64, 145

女性主义　feminism　150

平等的基本自由权原则　equal basic liberties principle：平等的基本自由权原则的含义　meaning of　47-49；平等的基本自由权原则与多元性　and pluralism　140；亦见正义之为公平，正义之为公平两原则　*see also* justice as fairness, two principles of

普遍法则公式　Formula of Universal Law：见康德，伊曼努尔　*see* Kant, Immanuel

启蒙时代　Enlightenment Age　4

契合问题　congruence, problem of　136-139

人性公式　Formula of Humanity：见康德，伊曼努尔　see Kant, Immanuel

桑德尔，迈克尔　Sandel, Michael　146-147, 149

善观念　good, conceptions of：善观念与多样的生活计划　and diverse plans of life　68-69, 71, 81, 137；善观念与无知之幕　and the veil of ignorance　79, 81-82, 100-101, 126-127；善观念与正义感　and the sense of justice　138-139　正当优先于善观念　priority of right over　145-147；亦见整全性学说；目的论理论　see also comprehensive doctrines; teleological theories

社会的基本结构　basic structure of society：对社会的基本结构的界定　defined　17-18, 24-25, 45；社会的基本结构与程序正义　and procedural justice　63-64；社会的基本结构与公共性、效率和稳定性方面的考虑　and considerations of publicity, efficiency, and stability　40-41；作为正义的主题的社会的基本结构　as subject of justice　18-19, 25-26, 45

社群主义对自由主义的批判　communitarian critique of liberalism　146-150

生活计划　plans of life：见善，善观念　see good, conceptions of

司法审查　judicial review　114

斯密，亚当　Smith, Adam　154

索　引

四阶段序列　four-stage sequence　110-113, 129

泰勒，查尔斯　Taylor, Charles　147

稳定性问题　stability, problem of　22, 136-141, 149-150
沃尔泽，迈克尔　Walzer, Michael　147-148
无知之幕　veil of ignorance：对无知之幕的界定　defined 20, 78-82；完全遮住的无知之幕 vs 部分遮住的无知之幕　full vs. partial　111-113；无知之幕与原初位置　and the original position　20, 27-29, 86；无知之幕与正义观的形式限制　and formal constraints on conceptions of justice　89-90

西季威克，亨利　Sidgwick, Henry　35
相互冷淡　mutual disinterest：见理性，相互冷淡与理性　see rationality, mutual disinterest and
效率原则　efficiency, principle of　51-52, 56-57
效用怪物　utility monsters　32
效用论　utility theory：见效用主义，效用主义与涉及幸福的观点　see utilitarianism, andviews concerning happiness
效用主义　utilitarianism：程序正义与效用主义　procedural justice and　73；对分配漠不关心对效用主义　as indifferent to distribution　32-33；对效用主义的界定　defined　4-5, 30-36；人均的效用主义 vs 古典的效用主义　average vs. classical　96, 102；效用主义的困难　difficulties with　5-6, 14-15；效用主义与不偏不倚的旁观者　and the impartial spectator　71-72, 109；效用主义与代际正

义　and intergenerational justice　120；效用主义与对直觉的依赖　and reliance on intuitions　38-39；效用主义与基本自由权　and basic liberties　33-34, 97-98, 100-102；效用主义与涉及幸福的观点　and views concerning happiness　34-36；作为社会正义理论的效用主义　as theory of social justice　12-13, 18-19, 26；作为一种目的论理论的效用主义　as a teleological theory　30-32, 92

新政　New Deal　2

优先性问题　priority problem　36-37, 46

原初位置　original position：原初位置的假想性质　hypothetical nature of　28, 76-78, 130, 149；原初位置的中心思想　main idea of　27-29, 76, 86；原初位置各方的理性 rationality of the parties in　82-85；原初位置上对备选项的陈述　presentation of alternatives in　87-88, 93-94；原初位置上对未来世代的代表　representation of future generations in　85-86, 121-123；原初位置与传统的社会契约论　and traditional theory of the social contract　20, 27；原初位置与四阶段序列　and the four-stage sequence　110-111；原初位置与无知之幕　and the veil of ignorance　78-82；原初位置与直觉　and intuitions　39, 39-41, 50, 77-78

越南战争　Vietnam War　2, 128

整全性学说　comprehensive doctrines：对整全性学说的界定　defined　139-40；整全性学说的合乎情理的多元性　reasonable pluralism of　140-141, 149-150

正义　justice：程序正义　procedural　60-64, 73, 125, 134；代

际正义　intergenerational　119-125；分配正义　distributive　152；混合的正义观　mixed conceptions of　92-93, 104-107, 126；基本结构之为正义的主题 basic structure as the subject of　18-19, 25-26, 45；全球正义　global　135, 152-154；形式正义 vs 实质正义　formal vs. substantive　45；正义的环境　circumstances of　80-81；正义感　sense of　138-139；正义观的形式限制　formal constraints on conceptions of　88-91；正义与适用于个体的原则　and principles for individuals　66, 128-133；正义的自然责任　natural duty of　131-133, 136, 138

正义存储原则　just savings principle　120-121, 123-124

正义的自然责任　duty of justice, natural：见正义，正义的自然责任　see justice, natural duty of

正义观的形式限制　formal constraints on conceptions of justice：见正义，对正义的形式限制　see justice, formal constraints on

正义之为公平　justice as fairness：对正义之为公平的非正式论证　informal argument for　94-96；实施正义之为公平的有利条件　favorable conditions for the implementation of　116-117；为一个封闭的社会系统而设计的正义之为公平　designed for a closed social system　26, 28；正义之为公平的中心思想　main idea of　19-20, 27-30, 75-76；正义之为公平的一般观念　general conception of　47；正义之为公平两原则　two principles of　28-29, 45-47, 64-65；正义之为公平与承诺的压力　and strains of commitment　108；正义之为公平与代际正义　and intergenerational justice　121-124；正义之为公平与个人的分离性　and the separateness of persons　71-72, 109；

正义之为公平与基本益品 and primary goods 66-71；正义之为公平与基本自由权 and basic liberties 47-49, 101-102；正义之为公平与经济制度 and economic institutions 115-116；正义之为公平与团结 and solidarity 73-75；正义之为公平与政治制度 and political institutions 114-115；正义之为公平与直觉的匹配 fit with intuitions 49-50, 65；作为对效用主义的替代方案的正义之为公平 as an alternative to utilitarianism 7, 20, 29, 44-45, 66-67；作为一种道义论理论的正义之为公平 as a deontological theory 33

正义之为公平第二原则 second principle of justice as fairness：正义之为公平第二原则的两部分 two parts of 49-50；正义之为公平第二原则对民主平等的诠释 democratic equality interpretation of 56-57, 62-64；正义之为公平第二原则对自然自由体制的诠释 system of natural liberty interpretation of 51-53；正义之为公平第二原则对自由主义平等诠释 liberal equality interpretation of 53-55；正义之为公平第二原则与程序正义 and procedural justice 61-64；亦见差别原则；机会平等；正义之为公平，正义之为公平两原则 see also difference principle; equality of opportunity; justice as fairness, two principles of

正义之为公平第一原则 first principle of justice as fairness：见平等的基本自由权原则 see equal basic liberties principle

政治经济体制 political economy, systems of 115-116

直觉主义 intuitionism：被正义观的形式限制所排除的直觉主义 ruled out by formal constraints on conceptions of justice 91；对直觉主义的界定 defined 6, 36；直觉的不可靠

性与直觉主义 unreliability of intuitions and 37-38；直觉主义与优先性问题 and the priority problem 36-37；作为效用主义的替代方案的直觉主义 as an alternative to utilitarianism 5-6, 15

至善论 perfectionism：对至善论的界定 defined 31, 92；至善论与效用主义 and utilitarianism 34-35；在原初位置上被拒斥的至善论 rejected in the original position 126-127；自由主义至善论 liberal 148

资格与合法期望 entitlements and legitimate expectations 125：亦见正义，程序正义 see also justice, procedural

自由至上主义 libertarianism 92, 104-107

自愿主义社会的理念 voluntaristic society, idea of a 28, 76, 90, 127-128, 139-140

组织有序的社会 well-ordered societies：对组织有序的社会的界定 defined 41；组织有序的社会与全球正义 and global justice 153-154；组织有序的社会与稳定性问题 and problem of stability 136-140；组织有序的社会与正义观的形式限制 and formal constraints on conceptions of justice 89-91

最大化最小值选择法 maximin choice method 98-101, 103-104

图书在版编目（CIP）数据

导读罗尔斯《正义论》/（美）弗兰克·拉维特著；张晓川译. --上海：上海文艺出版社，2024. --（拜德雅·思想导读）. -- ISBN 978-7-5321-9106-2

Ⅰ. D081

中国国家版本馆CIP数据核字第20240JM199号

发 行 人：毕　胜
责任编辑：魏钊凌
特约编辑：梁静怡
书籍设计：李若兰
内文制作：重庆樾诚文化传媒有限公司

书　　名：导读罗尔斯《正义论》
作　　者：弗兰克·拉维特（Frank Lovett）
译　　者：张晓川
出　　版：上海世纪出版集团　上海文艺出版社
地　　址：上海市闵行区号景路159弄A座2楼 201101
发　　行：上海文艺出版社发行中心
　　　　　上海市闵行区号景路159弄A座2楼206室　201101　www.ewen.co
印　　刷：上海盛通时代印刷有限公司
开　　本：889×1194　1/32
印　　张：7.125
字　　数：149千字
印　　次：2024年11月第1版　2024年11月第1次印刷
ＩＳＢＮ：978-7-5321-9106-2 / B.112
定　　价：48.00元
告　读　者：如发现本书有质量问题请与印刷厂质量科联系　T：021-37910000

Rawls's *A Theory of Justice: A Reader's Guide*, by Frank Lovett, ISBN: 9780826437815

©2011 by Frank Lovett. All rights reserved.

Simplified Chinese translation copyright © 2024 by Chongqing Yuanyang Culture & Press Ltd.
All rights reserved.

版贸核渝字（2022）第 359 号